視野 起於前瞻，成於繼往知來

Find directions with a broader VIEW

寶鼎出版

下一座世界工廠

黑土變黃金，未來全球經濟引擎
與商戰必爭之地——非洲

THE NEXT FACTORY OF THE WORLD

目次
CONTENTS

第一部——現實狀況

目次
CONTENTS

第八章　「如果我們能辦到，這個地方肯定也可以」……241
衣索比亞高估了自己打造本土製藥業的能力，但它若是現在就停下來思考重重的難關，永遠也不會去嘗試。不嘗試的話，永遠也不可能成功。

後記──摸著石頭過河……269
這些人正處於工業化的洪流中，摸著石頭前進，發現有些石頭是障礙，有些石頭是不錯的立足點。過程並不平穩，未來仍是如此，但那依然是穿越洪流最可靠的方式。

謝辭……280
關於作者……285
附註……286

推薦序

挾中國投資經營之勢，非洲展翅高飛

李顯峰／臺灣大學經濟系兼任副教授

比較近年來中國及印度的高速經濟成長，國際貨幣基金（IMF）預測二〇一九年中國成長百分之六．二，印度成長百分之七．五；同一年非洲較大的經濟體——奈及利亞成長百分之二，其他非洲國家如肯亞則是百分之六．一、象牙海岸為百分之七，南非為百分之一．四，賴索托為百分之一．二、衣索比亞為百分之八．五，各國的經濟成長表現有高有低，並不一致，但非洲經濟發展的潛力已經引起全球各界的注意。

地區的經濟發展會傳染或者有先後順序嗎？商人像遊牧民族逐水草而居投資生產，由歐洲至美洲至亞洲，接著亞洲（東北亞、東南亞、中亞）、中東到「黑暗大陸」——非洲嗎？非洲終於獲得脫貧發展的機會了？非洲的經濟發展過程會與一般經濟發展的理論有差異嗎？非洲經濟發展的過程會複製中國的途徑嗎？本書的標題「下一座世界工廠」提供了一部分的答案。

觀察先進工業化國家帶動同區域內其他經濟體發展的現象，日本經濟學家赤松要（Kaname Akamatsu）於一九三五年提出「雁行理論」（flying geese theory）此概念，綜觀產業興衰的現象及產業結構的演變，領先的產業將如同飛行雁群的的領頭雁，帶動其他產業的發展，當它沒落了，再由另一個新的產業興起替代，如此繼續發展。如同經濟學者熊彼得（Joseph Alois Schumpeter）的破壞性創造觀點：領先產業部門的不次出現，促成經濟成長，引申到一個團隊內成員相互合作扶持，才能使該組織不斷成長茁壯。在亞洲，日本明治維新工業化最早邁入工業先進經濟，透過技術移轉帶臺灣產業發展，加上二戰後美國援助復原及改革經濟制度，促進臺灣的經濟發展。一九八〇年代初期以後，臺灣的工資及土地成本不斷高漲，臺商帶著學習到的混合技術設施（hybrid technology）及資金進入中國沿岸地區投資生產出口，創造就業，扮演經濟發展引擎的角色，而在中國經濟在一九七八年改革開放，經歷近年來高速成長後，因工資、能源及土地成本逐漸高漲，中國商人也外移到非洲投資生產出口。

另外，歸納經濟發展的階段，由農業社會邁進到工業社會的起飛（take-off）階段是個關鍵，經由工業化階段轉到大眾消費，再到經濟成熟階段。在經濟起飛之前，社會的儲蓄要較投資需求多，一部分資金需求依賴其他國家或國際組織的協助，籌措各種資源，集中資源促成經濟起飛；也需要改善經濟制度，活絡市場經濟。接著採行進口替代策略，先發展民生所需的產業，或者採行出口擴張的策略，或者二者兼採行，以帶動經濟成長。

然而為什麼有些地區經濟發展表現較其他地區快速，有些卻較緩慢？解釋經濟發展的階段態樣、動力及批判的理論很多，由歷史發展脈絡及經驗觀察，包含了政治經濟及社會文化因素，甚至氣候地理因素也扮演重要地位，自然資源的豐富卻不是絕對的因素。總括而言，原因包括：❶如何有效率動員勞動及資本，企業家冒險犯難精神、外來及內生的技術進步（教育）及破壞性創新等等；❷合理的市場機制設計、私有財產權保障、基礎設施（交通電力等）建設及金融交易體系等等；❸依賴理論：批判跨國企業雖然引進較先進的管理制度（know-how）有助於提升當地的生產力及增加就業，卻剝奪耗盡當地的自然資源及財富，導致環境汙染、財富分配不均及貧窮。

本書作者深入探索非洲的四個國家——奈及利亞（非洲最大經濟體，人口最多，產石油）、賴索托、肯亞及衣索比亞（與中國的治理意識形態相近），訪談許多位當地的華人經營者，其中有中國籍企業人士（有一些曾於臺商在中國的公司任職，學習管理方法）、一九六〇年代後由香港直接到非洲的、甚至也有臺商，這些企業經營者大致上的看法是：❶工業化能致富，利用出口至美國、歐盟提供的最惠國免關稅待遇；❷製造業能增加許多就業，融入當地社會，甚至入籍當地；❸當地欠缺熟練技術勞工，會將當地技術勞工送至中國訓練，最後會將管理權交給當地人；❹生產當地民生必需品，但可能因缺乏規模經濟，生產成本較在越南為高；❺非洲普遍能源供應及交通基礎設施不足，且政府行政效率低，賄賂常有所聞，使得生產效率不高，但因剛開發，生產的報酬較高而致富。

作者進一步闡釋在非洲各國的經濟結構失衡，貿易部門的生產力較非貿易部門（服務業、餐館、醫師、律師）更高，也會（例如奈及利亞的紡織業）發生「資源詛咒」現象，即一般所稱的「荷蘭病」——一國意外發現天然資源，出口該項資源的產品，全國資金湧入該產業部門生產，導致該國貨幣的對外匯率上升，出口競爭力下降，而非自然資源部門也缺乏競爭力，結果重創經濟發展。也批評若干中國走私者破壞貿易秩序、種族歧視、女性地位低（近年漸提高）、勞工工作士氣不高及因時差而不願趕工等問題。

值得注意的是，作者特別提出：❶非洲經濟發展的過程較近似中國的發展模式，雖不完美，但可以靈活地摸著石頭過河試驗轉型，與西方的的市場紀律成本效益分析模式（反而會打擊當地的產業）不同；❷華人（主要是中國籍）商人以自身年少在中國歷經窮困階段的經驗，較能以同理心願意在非洲國家篳路藍縷開發經營，不像西方大企業常因市場不夠大、基礎設施不佳而不願意投資。簡言之，雁行理論仍適用在非洲的經濟發展態樣，中國對非洲經濟發展的影響範疇更大，非洲接續中國成為世界工廠的言論並非空穴來風；但也希望非洲能借鏡中國，避免毫無節制地開發造成汙染、避免種族歧視、注意工安、提升行政效率，才能實現經濟發展的目的，提升人民的福利水準。

推薦序

一個「非洲崛起」遇上「中國崛起」的故事

張文揚／政治大學外交系副教授

二〇一一年的《經濟學人》（*The Economist*）雜誌以〈非洲崛起〉（Africa rising）專欄的方式講述了非洲經歷幾十年的經濟停滯以後，如何在二十一世紀成為經濟發展最快速的區域之一。兩年後，《經濟學人》進一步做了一個〈興起中的非洲〉（Emerging Africa）專題報導，以數個主題涵蓋所有的非洲國家的發展現況，並樂觀預估非洲在下一個十年的經濟表現依舊會相當強勁。作為五十四個國家所依靠的大陸，非洲儼然成為了未來不可忽視的政治經濟巨人。

我們在看待非洲經濟表現的過程中，外資進入一向是關鍵因素之一，尤其是政府帶動的投資。而在近幾年，中國因為經濟快速成長，更成了非洲外資的主要來源國之一。但是在看待中國與非洲的互動過程中，或多或少我們都習慣將目光放在中國動輒幾百億美元的官方對非援助上，並以既定的眼光辯論中國的投資是否帶來新殖民主義還是共存共榮。這樣的焦點與辯論使得向來活躍於民間的角色消失了，也無法一窺中國在非洲投資的全貌。所幸，孫轅這本《下一座世界工廠》適當的填補了這個缺憾。

簡單來說，如果我們認知到臺商在海外奮鬥的過程中，如何產生與當地政府及人民打交道的方法與經驗，同時也認知到臺商如何看待當地政府與人民，那這本書就是在記錄一樣的事情，只是這一次換成了中國在非洲的商人與企業。因此，經商過程中與政府的交手、工作文化的差異、乃至不同背景碰觸下的衝突（例如在第五章提到的歧視問題）等等，讓我們看到了前往非洲投資時，在不先改變自己傳統觀點或是想法下，可能遭遇到的障礙與問題。

然而，更值得我們深思的一點是，當作者以一個教師的身分，進入非洲鄉間學校教授課程，期望非洲藉由教育程度的進一步普及再次提升國家與個人的生活水準時，中國商人則以開設工廠的方式僱用當地勞工、或是與當地企業的合作，「以實際的工資創造真正的就業機會」（如導言所述），究竟哪一個途徑可以帶來更大的福祉，是當地人民更能直接感受到的？換句話說，究竟先花時間學習捕魚的方法，還是直接給魚，會更符合當地人民的需求，這是可以討論的。當然，答案並不會在這裡有個定論。

此外，本書適合多樣目的的讀者群，例如想要認識非洲崛起、中國崛起、在非洲投資的商機與挑戰、中國乃至外資在非洲設廠投資時的發展與問題。而作為一位教授國際關係的老師，筆者認為，從中認識中國為什麼近年來迅速在非洲取得發展的機會，有更深刻的國際政治意涵。二〇一八年九月，隨著習近平在北京舉辦的中非合作論壇中宣布提供六百億美元的貸款或援助，標誌著中國可能是非洲更受到歡迎的伙伴，而不是西方國家，中國在非洲的影響力已經不容小覷。這種雙邊關係的進展不僅是以官方的方式進行，也同時以深入民間的方式為之。儘管並不直接提到，但是或許這本書也告訴我們大國在非洲的交手，其實相當深入民間。而我們如何從這些經營模式，體察與非洲國家關係上的優勢以及應該調整做法的地方，相信會是作者造訪奈及利亞、賴索托、肯亞與衣索比亞的體驗中，可以給我們帶來的額外收穫。

推薦序

用最貼近地面的視野，瞭解非洲的問題與成長

張海德／「海德頻道」作者

過去的兩年多中，我以自己意料之外的方式造訪了位於非洲大陸西岸的黃金之鄉——迦納，在那邊以一名深圳手機公司業務主管的身分，體驗了一段神奇的工作經驗，期間也不乏參加、贊助許多大大小小的當地公益活動、文化活動，透過結合自己及外部公司的企業社會責任活動，試圖改善當地一些困難的社會問題，這些問題包括了因為混亂的醫療系統導致無法獲得正確的基本健康檢查服務、傳統文化的流失、以及因為非法礦業汙染水體導致的飲用水缺乏問題等等。

但就如這本書中所描述的一般，實際待在非洲，你會漸漸地發現這塊大地上正在發生的事情遠遠超過大部分媒體的報導能力，因此絕大多數的時候除非親自造訪當地，要不然想要以一個正確的方式去理解當地所面臨的問題

與成長，將會是一件極具難度的事情。孫轅的研究提供了我們一個絕佳的視角、以一個相對客觀的方式去檢視過去這段時間中國與非洲社會的私部門之間複雜的互動，而在過去的十、甚至二十多年間，實際對非洲當地大量就業人口造成根本性影響的，除了當地在歐洲殖民時期的中東、印度移民族群之外，就是在本書中所呈現的大大小小的中國投資人了。在他們之中，有如我在迦納所見，來自廣西上林進行惡質非法挖金的灰色集團；也有如本書所報導的，協助奈及利亞建立經濟特區的優秀中國創業者，無論我們喜不喜歡，無論這些影響是否正面，這些靠著一張單程機票來到非洲開工廠、貿易、走私貿易的中國創業者所創造的大量工作機會，確實帶來了不同程度的技術或是思考方式的轉變，即便是我在迦納所見識到的非法挖金集團，它們在破壞當地的治安、水源、造成各種毀滅性的社會問題的同時，也還是帶動了一定比例的當地勞工精進了對於中大型工程機械的操作，這樣子出於非常純粹的經濟動機所帶來的技能轉移，是許多援助計畫、志工教師計畫等非營利計畫所無法比擬的，這種潛移默化的影響在現行「新經濟殖民主義」的觀點下——把所有在非洲的中國創業者跟政府的陰謀掛勾、當成是一個通盤整合計畫後的整體——很難去做出一個正確的評價。

我們需要一個視角，把這些中國創業者當作是一個個具有獨立意識與動機的、每天戰戰兢兢的商戶個體來看待，而這本書可以提供從我的迦納職涯中所看到的所有文獻中，最貼近地面的視野。

推薦序

從「人」的角度觀察非洲工業革命

蔡中民／政治大學政治系副教授

自十八世紀工業革命發生以來，製造業的發展一日千里，機器的使用讓人民生活更為便利，國家財富大量累積，從英國到法國與德國，再到俄羅斯、日本、美國、西歐國家等等，現今所謂的先進工業國家集團逐漸成形。第二次世界大戰後，這股工業化風潮也向東亞與拉丁美洲蔓延，雖然東亞四小龍的奇蹟未能在拉丁美洲出現，但製造業儼然成為經濟發展的基礎。可是當這股力量觸及非洲大陸時，一切戛然而止。數十年過去了，無論西方國家及國際組織如何努力，非洲大陸依然沉默無語。然而，當中國人開始前進非洲時，這一切開始有了改變。

以往學界與業界在討論經濟發展時，總是圍繞著「國家能力」、「政府決策」、「市場體制」等制度性因素，無論是東亞國家的成功，拉丁美洲國家的起伏，東南亞國家的顛簸前進，又或是非洲國家的一再失敗，都不脫非此即彼的論述，尤其是隨著新制度經濟學的擅場，經濟活動中真正進行交易的「人」的角色漸漸淡去，取而代之的是對於良善制度的推崇。彷彿只要「制度」對了，美好的明天就會來到。假使進展不如預期，問題也必然出在「制度」之上。從這樣的既存觀點回望此書，本書的價值自然彰顯，故事的鋪陳始終圍繞著「人」而展開，有中國人也有非洲人，有男性也有女性，有老闆也有勞工，有官員也有投資者；雖然每一個人的故事都鑲嵌在更大的制度框架中，但從人的角度，我們看到了成功與失敗、希望與沮喪、依賴與獨立等清晰的對比，也清楚明白唯有身在非洲的工廠、官員辦公室或甚至是荒山野地中，才能開始瞭解非洲。全書從作者自己小時候在中國坐汽車的經驗開始，最後以保育家理查．李奇（Richard Leakey）審查的鐵路建案結尾，一個又一個的故事傳達著同樣的理念：經濟發展的利益與成本絕非二分，在共生共享的前提下，一切困難都可解決，一切未來亦皆有可能。

此書並非有著清楚分析框架與縝密論述的學術著作，如果想透過此書瞭解非洲各國陷入發展困境之因以及未來經濟成長驅動力為何的讀者恐怕會失望，相信作者寫作之意亦不在此。僅僅探索奈及利亞、賴索托、肯亞與衣索比亞四個國家當然不足以全面性地理解非洲，遑論書中對於每個國家情況的描述仍相當有限。此外，作者多次論及於一九三五年由日本學者赤松要所提出的雁行理論，該典範旨在說明當時亞洲國家之間因比較利益而產生分工的格局時，日本所扮演帶領東南亞國家進行技術發展的角色；如今用來解析跨越半個地球到非洲國家的中國投資者身上，似乎也不盡完美。相反地，中國投資者在非洲的故事相當複雜，絕非三言兩語可說明，也不是任何學理可深入分析。作者曾在非洲的公立學校擔任志願教師，又實地進行訪談與觀察，或許訊息相當片面，但這樣的一手資料絕對有助於吾人逐步揭開非洲大陸的神祕面紗，更能點滴釐清過往西方國家與國際組織的努力之所以徒勞，問題究竟是出在哪裡？

書中許多中國投資者的親身經歷，讓這些人們的形象鮮活起來，不再是一張張模糊且充滿侵略性的「新殖民主義者」的面孔，反而是一個個有血有淚的人；而這些努力尋求發展的非洲國家的人們，在困窘的初始條件與惡劣的環境下，依舊充滿韌性與希望。或許會有讀者感到這是一本試圖為中國在非洲投資負面形象翻案的著作，但作者的文字流暢，敘事動人，用樂觀但實事求是的口吻將中國投資者在非洲的經歷娓娓道來，不時穿插的發展理論及全球經濟趨勢則是讓吾人在聽故事之餘也能順著相關脈絡思考，由微觀而宏觀，從個體而總體。且讓我們暫時擱下對於非洲大陸上那形形色色之人的既有印象，跟著作者前進非洲，聆聽這些人的心聲與故事，或許對於非洲工業革命會有另外一番想法。

推薦序

從理解到行動，共同參與非洲蛻變的過程

盧韋辰／wowAfrica阿非卡共同創辦人暨執行長

二〇一四年我首度踏上非洲大陸，非洲的改變以及發展潛力徹底打破我對非洲的刻板印象，回臺灣後我和夥伴開始投入非洲事務，並創辦非洲資訊平台讓更多人以不同的觀點認識非洲。這段過程中，我有幸認識來自世界各地在非洲經商的實業家，他們大方分享自己在非洲的故事和辛酸血淚。他們保持積極的實驗精神，無畏向前，縱使遇到許多挫折，依然樂觀面對，一步步從挫敗中站起。這股韌性是一種宣示，就像書中訪談間記下的那句話：「我們沒有失敗，我們差點就成功了！」

中國是非洲目前最大的投資與貿易夥伴，在我演講時，最常被問到的問題是：「非洲不是已經被中國拿下了嗎？臺灣哪還有機會呢？」要在活動最後幾分鐘內回答這個問題實在是個大考驗，因為有太多的背景知識必須交

代。大多數人從媒體報導裡得到的理解是「中國在非洲進行新經濟殖民」、「中國利用合作關係掠奪非洲資源」、「中國人對非洲有種族歧視」等觀點，我發現許多人對這個議題一知半解，甚至產生中國政府就是個大壞蛋的結論。如果讀者可以更瞭解非洲的發展歷史與現況，或許會有不一樣的見解。

書中提到了許多中國和臺灣商人在當地創業的故事，跟著這些故事探索他們選擇深耕非洲的原因，看見非洲面對全球化競爭時如何互相學習與磨合，藉此反思我們過去的觀念與行動是否真的有利於雙邊合作和發展。

我和非洲朋友合作專案的過程中，深刻體會到彼此有許多觀念與做事方式需要磨合；也常聽到在非洲經商、工作的朋友們和我訴說跟當地人合作的種種鳥事、管理當地員工的各種困難，最後總是把形成這些障礙的原因指向「文化差異」。當我和非洲朋友分享這些故事時，他們總是聳聳肩說：「This is Africa」。我一直在思考是什麼樣的文化因素以及價值觀導致這樣的文化差異，直到作者孫轅從工業化發展的歷史切入討論時，我看見了新的思考方向。

「生產線上發生的事，也會改變生產線下的生活。」書中提及十九世紀英國工業發展初期，工廠工人遲到、自主性地翹班放假，這種情形跟現在大部分的非洲工人幾乎是如出一轍；但當他們變得像機器般工作時，英國的工業發展開始突飛猛進。書中引用了勞工史學家湯普森（E. P. Thompson）的一段話：「轉型的壓力是落在整個文化上；抗拒改變及同意改變是源自於整個文化，這個文化涵蓋了權力體系、財產關係、宗教制度等等。」我才驚覺到工業化對於一個人是多麼痛苦的過程，用這句話描述非洲的轉型進行式再適合也不過了！

閱讀本書時，讀者可以問問自己：「在非洲發展成下一個世界工廠的趨勢中，有什麼是我可以參與的？」當愈來愈多人放下昔日的刻板印象，不再將非洲視為需要幫助的對象，而是改以「合作夥伴」的立場思考，將會加速非洲崛起的過程，此刻也會是共創雙贏最好的開始。

推薦序

非洲工業化的中國角色

嚴震生／政治大學國際關係研究中心研究員

二〇一五年十二月初，第六屆中非合作論壇在南非約翰尼斯堡舉行，中共主席習近平親自出席，與四十多位非洲國家的元首及政府領導人共同商討中國大陸要如何協助這個地區的經濟發展。在高峰會前一天，筆者參與由南非國際事務研究中心（South African Institute of International Affairs，簡稱SAIIA）舉辦的相關議題學術研討會。該會的主題演講是由出身於臺灣、曾任世界銀行副總裁、目前在北京任教的林毅夫教授擔綱。

他在演講中指出非洲人口快速成長，但傳統的農業、採礦業、甚至是服務業都難以解決年輕人的失業問題，他認為非洲經濟發展的模式，必須從自給自足的農業經濟走出來，走向工業化。此外，出口能源及礦藏雖然可以很快獲得收益，但容易受到市場需求而常有波動，無法讓非洲經濟轉型，因此林毅夫以中國發展的雁行理論為經驗，提出非洲應該投入製造業，透過工業化以達成提升經濟及降低失業率的目標（本書特別提到此點，並對該理論做出精闢的分析）。習近平在第二天中非合作論壇的演說中，就提出非洲工業化的訴求，顯然林毅夫是為習近平的談話先做了鋪陳。

近十年來幾本有關中國在非洲的暢銷書，除了約翰·霍普金斯大學的黛博拉教授（Deborah Braütigam）的《紅色大布局：中國錢進非洲的真相》（*The Dragon's Gift: The Real Story of China in Africa*）屬於學術性較高的專書外，其他《黑暗大布局：中國的非洲經濟版圖》（*La Chineafrique: Pékin à la Conguête du Continent Noir*）、《中國的第二個大陸：百萬中國移民如何在非洲投資新帝國》（*China's Second Continent: How a Million Migrants Are Building a New Empire in Africa*）、及《爭奪非洲：中國如何取得非洲的入場券？》（*Der Afrika Boom: Die große Überraschung des 21. Jahrhunderts*）等則是由法國、美國及德國的記者們所做的深入報導（基本上媒體人寫的書可讀性頗高）。然而中國在非洲的經營，或許還是應該由中國人自己來敘述及評析，比較能夠看出門道。不過，我們當然不希望是來自官方的說法，或是大陸親政府色彩較濃學者的觀察。

本書作者是出身在中國、但在美國長大，能說流利的普通話，目前在美國頂尖管理諮詢公司麥肯錫（McKinsey & Company）任職的孫轅。這位年輕的中國女孩曾在非洲擔任志工，隨後又率領團隊對當地八個國家（本書選擇討論其中四個的衣索比亞、肯亞、賴索托、奈及利亞）、五十多位中國人（包括在奈及利亞的老僑、及賴索托的臺商）、當地人（衣索比亞）開的工廠，及當地的企業、工會、記者、政府官員做密集採訪面談。

她對非洲各地中國企業的經營，有相當程度的掌握，這也是為何她一直強調中國對非洲經濟發展或是工業化的影響，不能用同一變數來分析，而是多元、特別是民間不同層面的投資策略所導致的結果，包括中國工廠的多樣性及對當地經濟所造成各方面的衝擊。這本書可以說是為林毅夫的雁行理論，及製造業與工業化帶領非洲經濟成長與降低失業率的主張背書。

雖然孫轅對部分非洲的中國企業或當地的中國商人仍有微言，但也舉出一些正面的例子，包括肯亞「中非工業技能升級中心」（Sino-Africa Industrial Skill Upgrading Center）的成立、奈及利亞奧貢廣東自由貿易區

（Ogun Guangdong Free Trade Zone）的轉型、以及人福集團（Humanwell Heathcare Group）對衣索比亞製藥業的投資，顯然孫轅的論述還是比較接近學術性的研究，而不是新聞性的訪談報導。西方國家特別是美國的政界與媒體，一向對中國經營非洲有相當嚴厲的批判，這份來自美國麥肯錫公司所支持完成的研究，或許能夠提供一個較為客觀的角度。

各界讚譽

「孫轅這本有關中國製造業在非洲崛起的精彩著作，讓我們不再膚淺地把中國投資者視為『新殖民主義者』。她結合了記者的犀利筆觸以及商業分析師的扎實訓練，以詳盡的實地調查為經，豐富的實際資料為緯，勾勒出詳盡的全貌。不過，其中最動人的描述，還是那些可能啟動非洲工業革命的中國和非洲先驅在非洲開疆闢土的故事。」——黛博拉・布勞蒂甘（Deborah Brautigam）／約翰霍普金斯大學高級國際研究院國際政經教授及中非研究專案創始主任

「這是一本結合報導文學、個人史、經濟研究的精彩著作。孫轅在深入探索中非工業化的複雜性和可能性時，特別擅長描寫中國和非洲工廠主和勞工的故事，以及環繞他們的總體經濟力量。」——徐桓（Huan Hsu）／《偷瓷賊》（*The Porcelain Thief*）作者

「孫轅主張，非洲明確地邁向工業化，即將成為下一個世界工廠，我認同她的觀點。這本研究透徹的好書提供了實用的經驗，也提出中肯的問題。我非常推薦政策制定者、企業家、學者或是對全球經濟的未來感興趣的人閱讀這本書。」——阿里科・丹格特（Aliko Dangote）／丹格特集團（Dangote Group）董事長兼執行長

「這本書生動地描述中國如何改造非洲的未來，敘事明晰易懂，亦兼顧了分析的嚴謹性。我推薦讀者以這本書作為悲觀主義的解藥。」——卡雷斯圖斯・朱馬（Calestous Juma）／哈佛大學甘迺迪學院國際發展實務教授，《創新及其敵人》（*Innovation and Its Enemies*）作者

「孫轅是卓越又敏銳的觀察家，她對新非洲的見解令人耳目一新，也激勵人心，非常值得一讀及銘記在心。」——理查・李奇（Richard Leakey）／全球知名古人類學家與保育家

「這本重要著作把個人的故事以及中國和非洲的大規模工業化運動精彩地交織在一起，不僅增進了我們對全貌的瞭解，也揭露那些遍布在非洲大陸上的工廠營運實況。我們有幸能夠透過孫轅的敏銳觀察與分析，窺探這個迷人的世界。」——李一諾（Yinuo Li）／蓋茲基金會北京代表處首席代表

「孫轅以通俗易懂的文字，描述中國企業家在非洲的生動故事，以吸引讀者瞭解發展、投資、治理、公共衛生等複雜的議題。這本書引人入勝，書寫流暢，令人耳目一新。」——柯偉林（William C. Kirby）／哈佛大學中國研究教授

「孫轅把重點從中非貿易轉向中國對非洲的生產投資，另闢了一片可能產生深遠影響的關鍵前線。這是一本可以激發出更多研究的導航之書。」——穆希薩・基圖伊（Mukhisa Kituyi）／聯合國貿易與發展會議（United Nations Conference on Trade and Development）秘書長

「非洲的工業化和中非關係可說是當今兩大重要的發展趨勢，孫轅為這兩大趨勢提供了令人難忘又充滿挑戰性的敘述。這本書結合了實地的採訪研究、對發展理論的深入理解，以及對非洲景觀的廣博認知。如果你想瞭解非洲面臨的機會和棘手抉擇，這是一本難能可貴的佳作。」——喬納森・沃茲佐爾（Jonathan Woetzel）／麥肯錫公司資深合夥人

「很少學者像孫轅那樣瞭解中非複雜關係的微妙細節。她以充滿文采及活力的寫作風格，提出深入的分析和見解，幫讀者瞭解非洲工業化的進程，以及中國在其中扮演的角色。」——以撒・福可（Isaac K. Fokuo Jr.）／中非卓越中心基金會（Sino Africa Centre of Excellence Foundation）共同創辦人、博索公司（Botho Limited）創辦人兼負責人、非洲領導網路（African Leadership Network）前執行長

謹獻給梅莉，她的堅信不移彷彿一切顯而易見

關於書中人名的附帶說明

書中提及的人名若是已知人士，通常第一次是以全名呈現，之後則以我平時對他們的稱呼呈現，所以書裡有些人是以英文名稱之，有些人是以姓氏加上先生或女士稱之，還有一些人是以全名稱之（如中國平輩之間連名帶姓稱呼的習慣）。偶爾為了保護當事人的隱私，我更改或修改了姓名。遇到那些特殊情況時，我會加註說明。

導言

從當今的世界工廠到下個世界工廠

我還記得第一次坐上汽車的經驗。在美國，會說這種話的人不多，畢竟汽車隨處可見，平淡無奇。但是，當時我是在中國，我在那裡出生，一直住到六歲。在搭上那台車之前，我對「汽車」這個中國詞彙的印象，只有父母把我推上的擁擠公車，以及兒童絕對無法進入的重型卡車。但這台汽車跟公車和卡車截然不同：車裡的人我都認得，車內的一切乾淨如新。座椅的皮革摸起來光滑涼爽，整台車散發出一種新車獨有的潔淨安心氣味。以前我習慣緊拉著父母的手，搭上只有站位的公車，或是坐在單車的後座，摟住他們的腰。搭這台車，完全不必那樣，一時間我也不知道該怎麼擺放不需要抓緊東西的雙手。我想擦一擦深色的玻璃窗，看能不能擦亮一點，以便看清楚窗外的景象。但是大人告訴我，搭上這種「汽車」是特殊的場合，那可能也意味著我的手不該亂摸。

當然，那台汽車不是我家的。那是一九九〇年代初期，中國境內幾乎沒有人有汽車。那台車是一位擔任政府官員的家族朋友所擁有，他讓我們搭他的車去兜個風。四環相連的商標顯示那是一台奧迪（Audi）——那是當時中國為數不多的幾種車款之一。之後的多年，奧迪也是我唯一列舉得出來的汽車品牌。中國總共有四家汽車製造商，都是一九五〇年代在中央政府主導的重工業投資下創立的。蘇聯建議把其中一家汽車公司設在我的家鄉長春，因為長春靠近俄羅斯東部，理由是讓這家新興的汽車廠可以向蘇聯的同業學習。這家公司是中國第一汽車集團（FAW），主要是生產大型的工業卡車。多年來，其藍白相間的商標在長春市區隨處可見。不過，我第一次坐上第一汽車的車子時，中國政府早已切斷了與蘇聯在汽車或其他方面的合作。一九九〇年，第一汽車轉向大眾汽車（Volkswagen）協商合資，以尋求對方的投資及技術協助。第一汽車持續生產工業卡車，但也開始以大眾汽車旗下的奧迪品牌來生產轎車。於是，約莫一年後，我們全家（父母和女兒）第一次坐上那台車。

值得再提的是，這是發生在短短的二十五年前，我現在三十歲，但我親眼目睹過如今擠滿汽車的街道上只有大量的單車穿梭其中。中國工廠的崛起，推動了中國的飛速轉型。從我第一次坐上汽車的短短二十五年間，中國占全球製造業的產出比例從百分之二飆升到百分之二十五[1]。在那段期間，中國的國內生產總值（GDP）成長了三十倍，有七億五千萬人口擺脫了貧窮——

創下史上單一時期的脫貧最高紀錄。中國本來是一個比肯亞、賴索托、奈及利亞還要貧困的國家，如今變成與美國競爭全球最大經濟體的頭銜[2]。然而，儘管統計數字如此傲人，對我來說，真正的發展跡象是那些令百姓感到高興的日常小事，他們曾經歷過缺乏那些日常小事的日子。以我個人最喜歡的例子來說：雪碧（Sprite）不再是罕見的飲料，只是常見的汽水；現在大家懂得在機場排隊，而不是不甘示弱地相互推擠；商店在附設的洗手間裡提供衛生紙；現在再也沒有人覺得搭汽車是多麼稀奇的事。

中國躍升為當今的世界工廠、帶來這些改變之際，我在美國成長，後來又到地球的另一端生活。大學畢業後，我前往非洲西南部的納米比亞，在一個村莊裡教八、九年級的學生。在某次員工會議上，校長逼我接下管理學校福利社的責任。我根本不知道要在福利社裡賣什麼，所以某天上完課後，我問學生，有沒有人願意搭我的車，去一小時車程外的批發商那裡採購東西來販售。學生熱烈地歡呼，爭先恐後地舉手，他們每個人都想跟。好幾個學生還尾隨我回家，懇求我讓他們加入。我覺得這種感覺實在很奇妙，也很熟悉。我知道那種渴望坐上汽車的感覺，以及實際坐上汽車時的新鮮感。汽車——

還有雪碧和衛生紙——聽起來像是以非常物質主義的方式來定義「發展」，但擁有這些日常用品的人往往忘了，對欠缺這些物資的人來說，這些東西是多麼鮮明的現代化標誌。美國人和歐洲人覺得坐上汽車是再普通不過的事，但是對幼年時期在中國成長的我，以及那些納米比亞的學生來說，坐上汽車是一件令人振奮的事。那種物質產品出現在社會中，預示著大家可能改頭換面，以新的存在方式立足在世界上：成為現代全球經濟的消費者及生產者。

身為志願教師，我在非洲鄉間的公立學校裡，負責上五節的數學課和英語課。作育英才的善念以及傳授「公民教育乃國家發展根基」的觀念，可說是最沒有爭議的活動。然而，到職幾個月後，當我誠實地面對自我時，我看得出來我的日常工作幾乎不可能促成更大的轉變發生。我的學生大多是農家子弟，家裡靠務農維持生計，將來他們大多也會步上務農為生的道路。偶爾，我那份教職的荒謬性還是會令我感到震驚：我正在教英語的不規則動詞變化，對象是一群未來在乾旱平原上務農的農民，但那裡的人平時根本不說英語。在那裡任教的一年間，我目睹了一些錯誤及不公不義的事情，例如孩童成為愛滋病毒的受害者、環境惡化、貧困等等，但我卻無力改善什麼。所謂「教育是孩童未來的關鍵」似乎只是一個空洞的概念。當時，我感覺到我的教學是在固化、而非擴展非洲與世界的關連，這個想法令我覺得罪孽深重。從理當更加明白事理的外國人身上接收智慧——這已是老生常談，至少遠溯及歐洲在非洲的殖民意識形態，但從未奏效。非洲國家還需要什麼助力，才能像中國那樣在短短幾年內火速地轉型、華麗變身？

怪的是，某次相親的機緣讓我開始接觸到一個新的現實。我常到一個中國男人經營的店裡買菜，他堅持邀請我某週末到他家作客，他要介紹我認識他的「好友」。為了和這位菜販維持良好的主顧關係，我答應了。後來發現，他的朋友是個白手起家的中國人，十七歲來到納米比亞，創立了幾個成功的事業。他快三十歲了，很有錢，想討個老婆，但很少中國女人願意住在非洲。他使出渾身解數，特地擺出從海邊千里迢迢運來的海鮮來宴請我，但我很快就發現他是個文盲，而且他和所有的朋友在晚餐時還掏出了槍。他們一邊暢飲啤酒，一邊熱絡地閒聊，那些對話顯示出他和許多到非洲經商的中國人沒什麼兩樣：他們都是純粹的資本家，對當地人的福祉或權利毫不在意。然而，令我震驚的是，這個人對當地村民的助益可能比我立意良善的教職還多。我指導學童一些理論上有用的技能，但他們在現實生活中其實用不到。他以實際的工資創造了真正的就業機會。他這樣做的過程中，即使他可能沒有那個意圖，但他確實為成千上萬名非洲人開創了與世界接軌的新途徑：成為勞工、成為客戶、成為合作夥伴，甚至成為可敬的對手。我們兩人之中，究竟誰為非洲做出了貢獻？

這不是一個浪漫的故事，我後來再也沒見過那個男人了，但是當時的疑惑一直縈繞在心頭，後來促使我花了幾年的時間研究中國在非洲的投資，敲了無數工廠的大門，說服沉默寡言的中國老闆讓我進入他們在非洲開設的工廠，懇請他們分享創業的故事。我在非洲造訪了五十幾家中國人開的工廠，訪問了許多在非洲各種領域經商的中國人，還有上百位非洲的勞工、企業家、政府官員、記者和工會組織者。那些非洲人正以多種方式與中國人合作，以及因應中國對其國家的興趣。

我多次前往奈及利亞的東部做研究，在某次行程中，某個巧合讓我頓時豁然開朗。那天漫長又炎熱，我參觀了幾家工廠，來到當天最後一個行程的約定地址，看到一片院子的周圍都是漆成藍白相間的建築。牆面的藍色和院子裡那些重型卡車的藍色是一樣的，那種藍色勾起了埋在我腦海中的記憶。突然間，我覺得那個藍色很眼熟，那不是普通的藍，而是第一汽車的藍，原來我所在的位置是非洲新建的第一汽車製造廠。

第一汽車從我二十五年前第一次坐上汽車的那一刻至今，已經有長足的發展。該公司在全球七十個國家共售出一千八百萬台以上的汽車，僱用了十二萬名員工[3]。那個在中蘇計畫下誕生的傻孩子，後來在德國資金的拯救下成長茁壯，如今來到非洲建廠。

中國在非洲設廠，將為非洲人創造廣泛的榮景，並引導中國經濟的一大部分跨入下一階段的全球成長。這將使非洲脫貧致富，在生活水準上創造出巨大又持久的改變。當然，如今的非洲不再是普遍貧窮的狀態，而是充滿前景及希望的地方。研究估計，未來十年全球成長最快的十個國家中，將有八個來自非洲大陸[4]。然而，就像以刻板印象把非洲描述成可憐、無望的赤貧狀態是錯的，忽視世上仍有五億以上的貧困人口位於非洲也是不對的。過去五十年間，非洲一直是西方國家測試扶貧理念的主要試驗場。當然，西方國家在教育兒童等方面所提供的發展計畫固然重要，但那些措施畢竟無法創造出一億個就業機會，也無法讓五億人口脫貧。如果我們真的想在這片廣大的非洲大陸上普遍提高生活水準，現在應該是改換其他方法的時候了。如今看來，那個新妙方已經開始進駐非洲：開設工廠。

工廠是銜接現今的世界工廠（中國）及下個世界工廠（非洲）的橋梁。過去十五年間，許多中國的工廠因成本攀升而紛紛離開中國，轉往非洲。二〇〇〇年，中國企業在非洲僅做了兩筆投資，如今則是每年做數百筆投資[5]。最近我在全球管理顧問公司麥肯錫與同仁一起領導了一個大規模的研究專案，探索中國在非洲的投資。我們實地走訪了八個非洲國家，找到一千五百多家在當地從事製造業的中國公司[6]。有些公司是受到奈及利亞等國快速成長的內需市場所吸引，這些國家的人口預計將在二〇五〇年前超越美國。汽車製造商、建材製造商、消費品製造商紛紛進入非洲市場，以期分一杯羹。還有一些中國公司是採用不同的商業模式：它們善用非洲較低的勞力成本來生產產品，以出口到已開發市場。在賴索托，中國成衣廠為柯爾百貨（Kohl's）生產瑜伽褲、為李維（Levi's）生產牛仔褲、為銳跑（Reebok）生產運動服。賴索托的產出幾乎全以貨櫃運送到美國消費者的手中。

這波工廠的搬遷很重要，因為工廠大量湧入非洲時，榮景很快也會隨之而來。從十八世紀工業革命初期的英國，到十九世紀的美國，再到二十世紀的日本和其他亞洲國家，工廠已經改造了整個經濟結構，把經濟提升到一個持久的財富新水準。那是因為製造業異於農業和服務業，它可以吸收大量的勞力，以高效率的方式參與全球經濟。那也是因為在個人層面上，工業化使那些原本深陷在地方交易體系中的農民，得以在全球經濟中搖身變成消費者和生產者。工業化是中國在三十年內從貧窮落後的國家轉變成世界一大經濟體的關鍵。非洲藉由成為下一座世界工廠，也可以複製中國的成功典範。

當然，製造業的崛起不見得全是可喜可賀的事。當你貼近觀察時，往往會發現醜陋的一面。我在非洲遇到的一些中國工廠老闆確實令人髮指。許多老闆有種族歧視的心態，還有很多人對行賄毫不猶豫。不少人在公共場所隨地吐痰、酗酒、嫖妓無數。他們的行為也釀成了後果：誠如本書收錄的故事所示，他們的行賄影響了地方政府的正常運作，工廠對環境的破壞影響了非洲空氣和水源的品質，他們對員工的不善待遇不僅影響當地的工資，甚至在某些情況下還導致員工賠上性命。中國毫無節制的經濟擴張，本身就是一個可怕的實例，已經為社會和環境帶來嚴重的後果（例如腐敗醜聞頻傳、霧霾空汙）。工業化的強大威力不僅帶來了榮景，也帶來了傷害，這些現象如今在非洲已經顯而易見。

非洲的工業化肯定有其黑暗的一面，但另一點可以確定的是，非洲的工業化進程肯定也與中國不同。非洲國家在經濟、政治、社會等方面都異於中國。儘管在任何地方設廠都會促成一系列可預期的改變（從收入的增加到勞力方面的醜聞等等），但那些變化的形式、順序、樣貌卻有顯著的差異。在奈及利亞，工業化的進程是由自由媒體的報導塑造出來的。在賴索托，工業化是由強大的工會運動塑造出來的。在肯亞，工業化是由部落和種族忠誠塑造出來的——這些東西在中國基本上都不存在。事實上，中國投資者與非洲大量參與者（勞工、供應商、經銷商、政府、媒體）的接觸中，會創造出新型的組織、夥伴關係、權力結構。藉由這個流程，非洲不僅有機會複製以前那種工業化，也可以進一步改善舊有的模式——即使這無法消除發展與民主之間、經濟成長和環境保育之間看似無可避免的取捨，但至少可以減少那些取捨所造成的遺憾。所以，也許主題是舊的，但故事是新的。

這本書就是在探討那個故事，主要分成兩個部分。第一部帶大家走進非洲的中國工廠，一窺內部的**真實狀況**。第二部是探討這些工廠正在經濟、政治、社會面開創的種種**可能性**。第一部是從中國在非洲製造業的投資基礎開始談起：中國在哪裡開設了哪種工廠、誰擁有那些工廠、那些工廠製造什麼、他們到當地設廠的始末、如何獲利等等。我們將會看到經營這些工廠的中國老闆，瞭解那些讓他們離鄉背井蓬勃發展的商業模式。儘管機器人技術的興起以及全面自動化生產的可能性是當今的熱門話題，傳統的工廠模式是靠人力製造有形的產品，那種模式依然健在，依然有許多獲利可圖，那也是驅動中國企業主到非洲設廠的商業邏輯。儘管西方的媒體常以恐懼及難以置信的口吻來報導中國政府主導的非洲大規模投資及援助[7]，但大體上來說，這些製造業的企業家與中國政府主導的那些投資和援助幾乎沒有關係。這些私人投資者不太關心地緣政治，他們是為了自家企業的經濟效益而前往當地設廠，受到各自人生歷練的動能所推動。他們是所謂「雁行理論」（**flying geese theory**）的實體化身。雁行理論預測，當成群的工廠從一個國家遷移到另一個國家，像雁鳥般長距離地遷徙時，工業化就會發生。這是企業家賭上畢生積蓄（有時甚至賭上性命），前往幾乎不懂當地語言或文化的海外地區開創事業的大膽冒險。我訪問的那些企業家都是強悍、堅韌、苦幹實幹的冒險人物——這讓人不禁想起，最大膽的創業形式其實是存在遠離矽谷空調辦公室的地方。

本書的第二部探討工業化為非洲帶來的種種**可能性**：充分就業、一批土生土長的工廠主、一套更有效的制度、一條讓邊緣化經濟邁向榮景的道路。這些都是世界其他地區透過工業化實現的真實狀況。對非洲來說，在目前這個早期階段，還無法保證達到那樣的成果，但已經出現許多端倪。從這些開端，我們可以感覺到發展不是線性的、明確的或可預測的。這挑戰了我們對發展的刻板印象：我們以為發展應該是由聯合國或援助組織之類的權威單位，或甚至運作良好的政府來規劃、協調、監控的。然而，我在本書中描述了各種非洲人的生活，從裝配線上的輪班勞工到制定國家政策的政府高官，他們的生活顯示，非洲的工業化是一種同時經歷、協商、落實的過程。這些人的生活即使開放接納各種新的可能性，依然會受到新勢力的限制。我們在後面會看到一位女性第一次出外工作，一位企業家拚命想完成第一張大客戶的訂單，一位政府官員試圖以一種新的方式為民服務。儘管新的壓力和限制（不良的老闆、不合理的客戶、苛刻的投資者）對他們產生很大的衝擊，但他們都努力尋求新的可能性。有些人成功，許多人失敗了。他們的付出時而大膽，時而可憫，時而迷人，時而悲慘，時而令人難以置信。這些都是工業化的**實踐**——受到不確定性的衝擊，但同時又受到希望指引的流程。

在本書中，我將深入探索四個國家：奈及利亞、賴索托、肯亞、衣索比亞。我會在整本書中引用全非洲的統計資料，但是這四個迥異的國家可以讓我們瞭解非洲豐富的多樣性，又不至於遺漏其獨到的特色。以任何標準來看，奈及利亞都是一個龐然大國：它是非洲大陸上人口最多的國家，也是最大的經濟體。奈及利亞著名小說家奇努阿・阿切貝（Chinua Achebe）的描述或許最為貼切：「明顯的多民族、多語言、多宗教，有些混亂。[8]」石油主宰著奈及利亞的經濟，但旺盛的創業精神隨處可見，也在每個人的血液中竄流，從在擁擠的車流中神奇地冒出來的街頭小販，到奈及利亞出生的非洲首富阿里科・丹格特（Aliko Dangote）都是如此。隨著中國企業家以愈來愈低的價格搶進大眾市場，他們對消費者需求的迅速反應可說是奈及利亞那些中國工廠的競爭利器。

約莫四千五百英里外的賴索托，是一個隱身在非洲南部高地的小國，幾乎各方面都和奈及利亞相反。賴索托地處內陸，周圍完全被遠比它龐大的南非所包圍，天然資源稀少，人口僅兩百萬。在資源稀少下，它還必須與全球第三高的愛滋病感染率對抗[9]。即便在這裡，中國工廠也找到很好的利基市場，因為賴索托在美國的貿易政策下享有優惠的地位。因此，賴索托已成為全球供應鏈上的一個環節，大量生產及輸出美國隨處可見的瑜伽褲和T恤。

肯亞也與奈及利亞和賴索托截然不同，它是東非的第一大經濟體，以自有的創業及創新品牌著稱。儘管青年失業率和鄰國索馬利亞的安全問題令人擔憂，但肯亞的GDP在過去五年間一直維持每年百分之五至百分之六的穩健成長，其迅速崛起的科技業也為首都奈洛比贏得「矽原」（Silicon Savannah）的封號。在這裡，不少中國公司也嘗試創新，把新技術引進肯亞市場，並與當地的政府實驗新的合作關係。

最後，是位於肯亞北部「非洲之角」（Horn of Africa）的衣索比亞，那是唯一從未遭到歐洲列強殖民的非洲國家。然而，過去二十五年間，該國的上億人口經歷了長達十年的嚴重饑荒。一九七〇年代，馬克思主義殘暴的獨裁統治也在當地造成「紅色恐怖」。所以，過去幾十年間，衣索比亞是處於重新振作起來的狀態。如今的衣索比亞是以一種漸進的方式逐漸轉型為市場經濟，對許多產業實行嚴格的資本管制，並成立國家獨占事業，這種模式幾乎和中國如出一轍。這也難怪中國企業在那裡經營時覺得特別熟悉，除了打造經濟特區以外，也投資於衣索比亞政府視為優先考量的行業。

這四個國家加總起來，絕對無法代表非洲的全貌，但它們確實涵蓋了幾個重要的面向：大、中、小國；東非、西非、南非；資源豐富、資源貧瘠、資源中等的經濟體。儘管背景迥異，但它們有一個共通點：中國工廠正在當地扎根，我們需要好好關注。

那天我佇立在第一汽車的院子時，頓時感到謙卑渺小。一直以來，我致力投入發展工作——教導孩子、為捐助者和全球援助組織提供諮詢。然而，自從上次在納米比亞與那位白手起家的中國人共進那場奇怪的晚餐以來，我就一直懷疑這些行動放在整體大局中是否仍有意義。那些投入是必要的、良善的，甚至基於種種理由也是崇高的，卻無法促成非洲的發展。站在那個藍白相間的工廠裡，聽著機器的轟鳴聲，我終於明白非洲的未來有賴工業化。工業化將使非洲追隨著日本、韓國、臺灣、中國的腳步，善用其迅速成長的人口，發展世界級的企業，提高多數民眾的生活水準。非洲脫離赤貧的人數只要達到中國過去三十年間脫貧人口的一半，就足以讓貧窮在非洲大陸消失[10]。對非洲近四億的人口來說，這代表能否溫飽、能否就業、能否送孩子上學的差別，可說是最高等級的人類成就。

在這個歷史性的時刻，中國創立了價值兩千五百億美元的新發展機構（其中包括「新開發銀行*」（New Development Bank）），帶頭重新塑造全球發展體制。但此刻我們應當謹記一點：這裡的開發是大寫的 **Development**，這種開發鮮少普遍滲透到日常生活中，還不足以用小寫的 **development** 稱之。也就是說，如果這些新的機構真要徹底改變我們協助窮國開創榮景的方式，它們需要意識到「發展」根本上是有賴工業化的。在加速非洲的工業化以及協助許多非洲人轉型方面，發展機構確實扮演著重要的

*新開發銀行：又稱金磚國家開發銀行（BRICS Development Bank），俗稱金磚銀行，是由金磚五國家（巴西、俄羅斯、印度、中國、南非）共同建立的國際性金融機構，目的是方便金磚國家之間的相互結算和貸款業務，從而減少對美元和歐元的依賴，保障成員國之間的資金流通和貿易往來，總部設於上海。

角色，但它們不是承擔重責大任的主角。對非洲的未來而言，最重要的是那些不覺得自己是在開發的人所做的事：那些來非洲只為了發財的粗俗中國老闆，那些從打零工開始慢慢晉升到管理整家工廠的好勝非洲工人。他們的努力徹底改造了非洲的經濟結構，促進高效率製造業的發展。那將可以達到過去半世紀以來那些立意良善的援助計畫想做、卻達不到的目標：協助非洲脫貧、改善教育和衛生。這些人正在非洲引爆一場工業革命，這場革命將使非洲取代中國，成為下一座世界工廠。接下來，讓我們來見見其中的一些人。

第一部

現實狀況

第一章

人的連鎖反應

孫先生堅持請我們喝茶，我和研究同仁已經參觀了他的陶瓷廠——早些時候，經理帶我們參觀了工廠，並說明機器的運作原理以及事業經營的背後思維。孫先生不久前才去中國出差，剛回到奈及利亞。他帶回一批上等的綠茶，想和客人分享，以展現中國自古以來的好客傳統。

他帶我們到他的辦公室，示意我們坐上一張蓬鬆的沙發。前一天的上午，我們拜訪同一條路上的另一家中國製造商時，對方也請我們喝茶。當時泡茶的地點是在雜草叢生的工廠院子裡，我們坐在矮凳上，喝著從有裂紋的茶壺裡倒出來的微溫茶湯。孫先生的想法顯然不同，他以拋光的木盤端出一套合宜的中國茶具，上面擺著用來泡茶、沖茶、擺放茶渣、品茶的不同器具。他一邊說話，一邊熟練地操作著細膩的泡茶步驟。他的言談也是規規矩矩的，先是表示他很榮幸接待我們，說他很喜歡接待來自清華和哈佛的訪客，因為他只有小學的學歷，十三歲就開始工作，希望我們別嫌棄他那間小工廠。然而，他所謂的小工廠，正在隔壁運作著，每天生產五萬六千平方公尺的磁磚，一天的產量就足以鋪滿十個足球場。在辦公室裡，孫先生把第一泡茶舉到鼻尖，像行家品聞美酒一樣，閉上眼睛，吸了一口氣，接著把第一泡的茶水全倒掉。傳統的中國茶道認為，第一泡茶太澀、太髒，所以等第二泡才喝。又過了一會兒，茶沏好了。孫先生給我們每人倒了一小杯，我們聞到了茶湯的清香，接著細細品茗。

高級的中國茶可以連續沖泡十幾次，每一泡嚐起來都有略微不同的風味。顯然，孫先生也希望我們這樣享用他的好茶，所以我們決定坐下來聊一兩個小時。喝第二、第三泡茶時，我們聊的內容還很客套——我們稱讚孫先生的工廠和好茶，孫先生連忙說哪裡哪裡，真是過獎了。喝到第四、第五泡茶時，我們閒聊得差不多了，孫先生開始聊起了往事，娓娓道出他的人生故事，故事的情節發展猶如寓言一般：一個學歷不高的中國窮小子拚命努力，後來創業當了老闆，翻身致富。

孫先生的人生是一個人白手起家的故事，也是國家工業化的故事。從打零工變成在工廠工作、經營工廠、擁有工廠的轉變，是一個總體經濟的歷程，在過去那個世代改變了中國，如今也即將為非洲帶來巨大的改變。我們在後面會看到，孫先生在許多方面都體現了中國從一九七〇年代至今的卓越發展歷程——這是人類有史以來生活水準提升最快的時代。那段迅速的崛起，可能正是因為中國並未依循西方發展機構的正統建議，而是為孫先生那一代的人營造了在工廠裡工作及學習經營工廠的條件。很多中國人是在臺籍老闆開設的工廠裡學到這些訣竅，而那些臺籍老闆更早之前是從日本工廠學習的。這個軌跡顯示，工業發展不是一種自發現象，而是從一國延伸到另一國的連鎖反應。這場變革中不可或缺的核心力量，既不是資本那樣重大的東西，也不是技術那樣抽象的東西，而是人。有人決定在某國設廠時，像孫先生那樣的受益者就成了累積製造技術的化身。那些老闆決定在哪裡設廠時，也是在選擇製造業下一個連鎖反應的環節。一個世代以前，那些人選擇在中國設廠，進而改造了中國。如今，他們選擇了非洲。

在奈及利亞的辦公室裡，孫先生倒出第八、第九泡的茶湯後，語氣轉趨豁達：「我們中國人非常清楚發展列車的路線——先到哪一站、再到哪一站。奈及利亞需要向中國學習！對非洲來說，西方那套路線是不可行的。」

想要翻身致富，就開創一個製造業

孫先生比多數人更瞭解致富之道，他出身貧寒，沒受過多少教育，但他還沒禿頭之前就已經翻身致富了。他的策略很簡單：學習怎麼製造東西，接著就去製造那些東西來販售。他描述的中國發展之道，其實就是他自己一再實踐的方法：設廠賺錢。在他看來，非洲人顯然也應該這樣做。

孫先生提出及身體力行的那套策略，並非中國獨有的。事實上，自從英國成為第一個靠全球最大的製造業迅速創造經濟成長的國家以來，許多國家也紛紛改變經濟結構，轉向工業化發展，之後才又轉向服務業發展。少數的例外是像卡達那樣的國家，它們有幸憑著豐富的資源致富，它們享有的資源比例甚至遠遠超過俄羅斯、安哥拉等天然資源豐富的國家。以全球來說，工業化和經濟成長之間有很強的關連：聯合國曾對一百三十一個開發中國家進行分析，結果發現經濟成長和製造業增值之間有強烈的關連[1]。對撒哈拉以南的非洲地區來說，這種關連性甚至比世上的其他地區更強。經濟學家已經證明，窮國在生產力方面持續迎頭趕上富國的唯一領域是現代製造業。哈佛大學的經濟學家丹尼・羅德里克（Dani Rodrik）寫道：「這是一個相當特別的結果。這顯示，即使地理位置不佳、制度糟糕或政策失當，現代製造業依然會聚集到全球生產力的前端。[2]」此外，這種往前端聚集的現象是不分時期或區域的，研究發現非洲也不例外[3]。世界各國的發展史都應驗了孫先生直覺相信的發展之道：想要翻身致富的話，就開創一個製造業。

值得注意的是，這個建議與過去兩個世代以來主流發展機構給窮國的建議大不相同。一九八〇年代與九〇年代，專家的建議幾乎都是依循華盛頓共識（Washington Consensus）。華盛頓共識受到雷根和柴契爾夫人推動自由市場及縮小政府角色的影響，主張嚴格限制政府支出，以及限制政府參與塑造市場。其支柱包括確保總體經濟的穩定、削減補貼、放鬆市場管制、國有企業的民營化、貿易自由化——羅德里克如此總結：「穩定、私有化、放寬管制。[4]」國際貨幣基金（IMF）和世界銀行等國際金融機構使這套計畫變成正統的主流，並保證這套計畫的落實。它們的做法是：經常對開發中國家提供急需的經濟援助，以換取那些國家答應執行計畫的改革。我們將在下一章看到，許多非洲國家承受了這種結構轉型方案的嚴重後果，奈及利亞就是其一。

與此同時，在世界的另一端，一九七六年毛澤東過世後，中國踏上一條截然不同的發展之路。孫先生來自中國東南部的中型城市溫州。溫州以近四千年前發明的青瓷著稱，這項發明促成世界各地的藝術博物館所陳列的中國歷代精美瓷器。一九七〇年代末期，溫州再次躍升為中國第一：但這一次，溫州是第一個在這個共產國家中成立民營企業的城市。為了跟上時代的腳步，孫先生於十三歲輟學，開始到工廠工作。他先在幾家皮革加工廠裡工作，慢慢晉升，最後終於攢夠了錢，自己開一家工廠。當時有成千上萬名中國人跟他很像：每天長時間工作，精打細算地存錢，然後再以累積的知識和積蓄自己開工廠、當老闆。

從全球角度來看，二〇〇〇年代中期，華盛頓共識顯然已經失敗。連當初創造這個詞彙的人也在二〇〇二年坦承：「至少可以說，結果令人失望，尤其是在成長、就業、減貧方面。[5]」更糟的是，華盛頓共識的政策執行還導致國家內部的貧富加劇，也導致金融危機日益頻繁[6]。二〇〇六年羅德里克寫道：「支持者與批評者皆認為，華盛頓共識催生的政策並未產生預期的結果。目前大家爭論的焦點不是華盛頓共識是否還在，而是什麼將會取代它。[7]」

過去十年間，華盛頓共識的正統理論已經分裂成幾個陣營，這些陣營雖然不是直接相互矛盾，但強調的成功發展關鍵各不相同。有些人強調治理和制度的品質才是關鍵，例如麻省理工學院頗具影響力的發展經濟學家戴倫・艾塞默魯（Daron Acemoglu）就是這一派。然而，在此同時，發展社群的資金及從業人員的關注焦點已經轉向服務提供：為最需要援助的人提供具體的援助。例如，聯合國引領及其他全球捐助者響應的八項「千禧年發展目標」（Millennium Development Goals）主要是強調衛生和教育方面的可衡量成果。此外，在非洲，「躍進式發展」的概念也成為熱門的討論焦點，所謂的躍進式發展誠如《富比士》雜誌（*Forbes*）所述：「拜新技術的崛起以及電信和網路的普及所賜，非洲藉由促成大眾的交易和創業，可望迅速達到開始突飛猛進的『臨界點』。[8]」根據這個理論，一個國家可以跳過傳統的「製造業密集」發展階段，直接從農業經濟躍升為高附加價值的服務業經濟。

在此同時，孫先生仍持續在中國生產皮革製品，對華盛頓特區的世界銀行和日內瓦的聯合國那些曲高和寡的激烈爭論視若無睹。最後，他的生意走向國際。二〇〇〇年代末期，中國的製造成本以驚人的速度攀升，孫先生意識到他需要把工廠遷到海外，但是該遷到哪裡呢？他考慮了孟加拉，接著又考慮了中亞的烏茲別克，後來一位朋友跟他提到奈及利亞的情況。

於是，他走訪奈及利亞五天。「我一下飛機，就有一群窮人馬上圍過來要錢。」他回憶道：「但後來我想到這裡也有很多富人。儘管在這個市場中很難成功，但我覺得其他人跟我一樣，任何人在這裡建廠都一樣困難。[9]」回中國後，他打電話給一位在海關任職的熟識，問他目前大量外銷奈及利亞的產品中，什麼是最重的、運費最貴的，答案是瓷器。

溫州是青瓷的發源地，身為溫州子弟的孫先生聽到這個答案時，想到他可以把製作陶瓷當成事業，感覺格外貼切。自從那次造訪奈及利亞後，孫先生便投資近四千萬美元在當地設立瓷磚工廠。他的工廠是全天候二十四小時運作，僱用近一千一百名勞工，其中有一千人是當地人。當地的電力不穩又昂貴，但生意很好。由於奈及利亞國內缺乏競爭，需求旺盛，孫先生的利潤可達百分之七，比他在中國那百分之五的利潤還高。製造業的利潤通常很微薄，百分之二的增幅已經相當可觀。這也是為什麼在奈及利亞的叢林裡，一位學歷不高的中國人可以招待我們品嚐頂級好茶的原因。

雁行理論：環環相扣的跨國製造鏈

是什麼原因讓這些企業家願意離鄉背井，搬到語言和文化皆一無所知的陌生國度？一個顯而易見的答案是出於商業經濟。誠如孫先生所言，中國的勞力成本迅速攀升，像奈及利亞那樣的海外市場龐大，供給不足，競爭少，利潤高，充滿了吸引力。但另一個不太明顯的答案是，這些中國企業家之所以搬遷，是因為他們以前在工廠工作時，老闆就是從海外到中國設廠，而那些到中國設廠的老闆以前也是為外國老闆的工廠效勞。總之，製造業是一個人人都往其他地方移動以賺取下一筆財富的產業。

我在賴索托的首都馬塞盧（Maseru）出席一場午餐會時，深刻感受到這點。阿瓦尼賴索托飯店（Avani Lesotho Hotel）坐落在市區角落一片精心修剪的坡地上，是市內最豪華的飯店。那是某週五的下午，那週我一直在炎熱擁擠的工廠間穿梭，所以踏進那家高級飯店時，迎面而來的涼爽空調帶給我愉悅的驚喜。

服務生帶我到樓下的中餐館，進入私人包廂。餐會的主人已經抵達現場，他穿著運動短褲和T恤，坐在雅致木製茶几的旁邊，顯得不太協調。中間的大圓桌也是以同樣的深色木頭製成的，茶几上擺著蘭花。接下來的十分鐘，其他五位客人陸續抵達，都是中年的中國男士。他們彼此都認識，因為在賴索托經商的長年歲月裡，當地只有他們幾個中國人。不過，他們都很客氣地跟我自我介紹一番，他們毫無親戚關係，但巧合的是，都剛好姓陳。

午餐隆重地登場，有剛從海邊運來的半殼牡蠣和鮭魚生魚片，一盤鴨舌（中式美味珍饈）搭配六種比較普通的肉類。燉湯是以個別的小瓷盅裝盛，搭配中式瓷勺。根據中國的習俗，他們把紅酒倒進拇指大小的小杯飲用，我在中國或美國都很少享用那麼精緻的餐點，然而這群陳先生似乎對這種精緻佳餚習以為常。

現場的布景奢華，但這些陳先生並不像以前在非洲過著奢華生活的歐洲殖民者。他們的背景故事顯示他們比較熟悉吃苦，而不是大啖美食。這些陳先生都是從基層幹起，在一九八〇年代末期和一九九〇年代從中國前往臺灣擔任雇傭。當時，勞力仲介機構常仲介年輕的中國勞工給需要廉價勞力的臺灣企業，當時這幾位陳先生都剛好為幾個在賴索托做生意的老闆效勞。儘管他們當時不曾在中國和臺灣以外的地方生活過，不懂英語，也不懂塞索托語（當地語言），他們還是毅然來到這個遙遠的非洲國家。其中兩位陳先生特別不幸：他們的目的地不是首都馬塞盧，而是在偏遠的山間村落。那是一九九〇年代，當時沒有手機，也沒有網路，他們一年只能打電話回家一次。一位陳先生以苦樂參半的口吻回憶道：「那電話真該死！我撥號後，聽到聲音，說了些話，還要等一下子才聽得到聲音，因為聲音的傳輸有延遲。但我一聽到：『新年快樂！你還好嗎？』電話就斷線了。」他搖搖頭說：「那些年，我從來沒有足夠的錢好好打一通電話回家。」

多年的辛勤工作及省吃儉用，讓這些陳先生終於攢夠積蓄，可以自己開創小事業。有些人是開工廠，有些人是經營小商店。他們有一位中國朋友與人合開了我們正在用餐的這家飯店，所以這裡的中國餐點才會如此地精緻考究。那場餐會中唯一不姓陳的先生，是邀請我來參加餐會的主人，他的故事略有不同。他不是年輕時為臺灣的老闆工作，而是在日本公司上班。酒過幾巡後，他不禁吹噓起來：「我現在仍是賴索托全國最會講日語的人！」

在歷年來環環相扣的跨國製造鏈上，圍坐在桌邊的這些陳先生是最新的一環。學術圈把這個現象命名為「雁行理論」——這是二十世紀中期日本人提出的概念，用來解釋日本經濟的迅速崛起。中國經濟學家林毅夫最近重新提出這個理論，他是唯一曾任世界銀行首席經濟學家的開發中國家公民。該理論研究二十世紀迅速工業化的東亞國家案例，並主張製造廠就像飛雁一樣，隨著成本和需求的變化，從一個國家遷移到另一個國家，從生產一種產品轉換成另一種產品。

雁行理論描述了奈及利亞的孫先生及賴索托那群陳先生的發跡路徑。那群陳先生早年在臺籍老闆的工廠內擔任學徒，那段漫長歲月無意間為他們有朝一日經營自己的企業做好了準備。一波日本的企業家催生了一波臺灣的企業家，而那群臺灣企業家又催生了另一波的中國企業家。在隨著時間變化的競爭力圖表上，波狀變化形成一系列的倒V型——那是飛雁遷徙的模式（見下頁圖1.1）。這些中國企業家目前在非洲經營工廠——這個事實使下一波經濟崛起發生在非洲的可能性大增。

雁行理論還有另一個面向：那個倒V型不僅代表製造商從一個國家搬遷到另一個國家，也代表各國從一個產品轉變成另一個產品的產業升級過程。根據該理論，一開始會出現一些公司，試著生產某種產品。它們邊做邊學的過程中，獲利會吸引其他的業者跟進生產那個產品。然而，隨著市場日趨飽和、競爭加劇、利潤縮減，有些公司會開始尋找不同的產品。隨著時間推移，它們被迫嘗試複雜一點、但比較難以模仿的東西。這個流程會不斷地重複，那些從模仿起家的國家經過一兩個世代的磨練，開始自行發明，甚至傳授技藝。孫先生從皮革加工轉向技術比較先進的磁磚生產，就是這種模式的實例。值得注意的是，大規模的現實資料也顯現出這種倒V型態：一項研究分析了一百四十八個國家，結果顯示，隨著GDP的成長，可以預期每個國家的製造商轉型生產更複雜的產品[10]。以前生產皮革，如今生產磁磚，再過十年或二十年，孫先生可能會開始生產電腦。

圖1.1 雁行理論

產業發展的圖示

國家：日本接連生產技術日益先進的產品

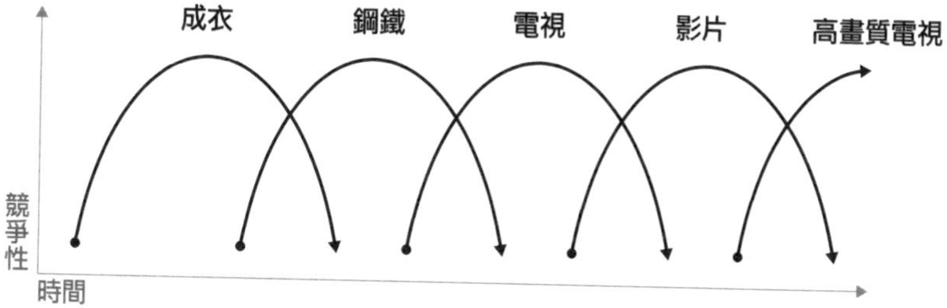

成衣製造業隨著產品成本和需求的改變，
從一國搬遷到另一國。

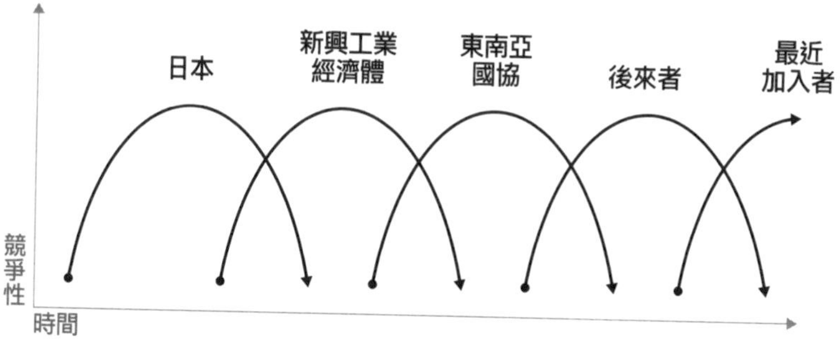

新興工業經濟體：香港、新加坡、南韓、臺灣
東南亞國協：印尼、馬來西亞、菲律賓、泰國
後來者：賴索托、越南等國
最近加入者：孟加拉、衣索比亞等國

資料來源：改編自林毅夫的〈FROM FLYING GEESE TO LEADING DRAGONS: NEW OPPORTUNITIES AND STRATEGIES FOR STRUCTURAL TRANSFORMATION IN DEVELOPING COUNTRIES〉POLICY RESEARCH WORKING PAPER 5702, WASHINGTON, DC, © WORLD BANK 2011〉

欲得到想要的東西，最好是自己動手

雁行理論不單只是用來說明製造業的理論，也可以說明發展是如何發生的以及發展的意義。發展不是只談少數幾位幸運兒如何翻身致富，也會談到一般百姓的生活以上千種微小的方式變得更容易、更舒適。因此，那不僅影響了直接參與工廠的人，也影響了其他所有人。

我在長春出生，那是滿州地區的一個省會，有兩百萬人口，位於俄羅斯和北韓之間那片遼闊的中國國土上。一九八〇年代末期，我父親把兩歲的我和母親留在中國，隻身前往日本做了一年的博士後研究。那時我年紀還小，不記得他何時離開，但我確實記得他回來的時間，因為他帶了一件神奇的東西回來：保鮮膜。

在一九八〇年代的中國，沒有人有冰箱，很少人有電視，可口可樂、雪碧之類的汽水是我乖巧聽話時父母才會買給我的昂貴飲料。當時距離大躍進時代的大飢荒還不到一個世代，肉類仍是透過國家發放的配給券定量配給，浪費食物肯定會引發天怒人怨。但夏天的蒼蠅以及冬季燃煤啟動中央供暖系統所造成的乾燥，導致剩菜令人難以下嚥。儘管如此，我和家人還是不得不吃那些剩菜，對當時三歲的我來說，那真是折騰。

父親帶回來的保鮮膜發揮了神效。他從日本帶了一整箱保鮮膜回國，他拿出一盒，教我們把手指順著滾軸滑動，找到保鮮膜的起始點；也教我們如何以鋸齒狀的刀片切下一張塑膠膜；如何把它套在碗口上，以免黏皺在一起。這個東西真是神奇，當時中國有全球五分之一的人口，但中國製造業的產出僅占全球製造產出的百分之三，我們家裡沒有人見過保鮮膜這樣的玩意兒[11]。大人不准我觸碰那個從遠方帶回來的閃亮珍貴膠卷。儘管如此，那個東西讓我的生活變得更好，因為它讓剩菜變得不是那麼難以下嚥。我的父母把那一整箱保鮮膜分成兩部分，一部分留著自用，另一部分拿去分送給親友和公司的上級。那個年代，送人海外買回來的東西是好品味的象徵，收到珍貴保鮮膜的人等於也欠了我們家一個人情。

當時我不知道的是，日本有保鮮膜、但中國沒有的原因，是因為日本有工廠，而中國沒有。經濟學家後來稱日本的崛起是「東亞奇蹟」，東亞奇蹟剛開始出現時，日本成為東亞第一個工業化的國家[12]，也因此創下史上生活水準最快持續上升的紀錄，比美國達到工業化的速度（六十年）和英國達到工業化的速度（五十年）還快。隨後，日本的企業遷往海外，推動了亞洲四小龍的破紀錄經濟成長。香港、新加坡、韓國、臺灣的這波崛起，也打破了日本經濟快速成長的紀錄。日本用了三十五年的時間才使GDP翻一倍，韓國只花了十一年，就成為第一個從聯合國的「落後國家」晉升為富國俱樂部「經濟合作暨發展組織」（OECD）的成員國[13]。

後來，這些國家轉到中國投資設廠並非偶然。就在孫先生輟學去溫州的工廠工作時，在本土面臨成本節節高升的公司紛紛湧入中國，中國有許多像陳先生那樣的勞工去為臺灣的公司及其他的外國公司工作。一九八〇年代初期，當中國的人均所得比衣索比亞和馬利還低時，鄧小平為中國設立了一個當時看似瘋狂的目標：在二十年內讓GDP翻四倍，並在下一個五十年內再翻四倍——也就是說，在二〇五〇年以前翻十六倍之多[14]。中國無視華盛頓共識和西方的其他發展建議，中國的策略可說是孫先生那一招的擴大版：學習怎麼製造東西，接著就去製造那些東西來販售。

這招奏效了，中國從此成為世界工廠，占全球製造產出的四分之一[15]。

在這個過程中，中國的GDP每年以近百分之十的速度成長了三十年，使七億五千萬人口脫離貧窮——這是任何國家都無法超越的驚人成就[16]。中國打破了韓國GDP翻倍的紀錄，僅花了九年的時間，破除了一些人認為雁行理論只適用於亞洲小國的疑慮。至於鄧小平的目標呢？事實證明，那個目標確實很瘋狂，但並非因為高得離譜，而是因為**低**得荒唐：中國只花了十六年的時間就讓GDP成長了十六倍，而不是原訂的七十年[17]。

不用說，保鮮膜在中國早已不是什麼新奇的舶來品。那不是因為有更多人像我父親那樣受到良好的教育，能從海外的已開發國家帶保鮮膜回國；也不是因為中國人有錢了，買得起保鮮膜。情況正好相反，中國人開始生產保鮮膜，因此開始變得有錢了。如今，中國製造了全球四分之一的塑膠，一般老百姓當然也買得起保鮮膜。誠如孫先生和陳先生的故事所示，欲得到你想要的東西，最好的方法是乾脆自己動手。

第二章

工廠的生與死及重生

勞倫斯·董（Lawrence Tung）和我在接待區碰面時，我以為他是助理，或是剛剛暫時離開接待區的總機，而不是老闆本人。他瘦小的身軀上穿著超大號的Abercrombie馬球衫，搭配著鬆垮的深灰色牛仔褲。他帶我到他的辦公室，請我坐下，然後自己走回那張ㄇ字型超大辦公桌的後方坐下來。他那頭濃密的黑髮有點長，從頭皮垂掛下來。他坐定位時，感覺像個青少年坐在父親的辦公室一樣。

儘管外表年輕，勞倫斯其實是董氏集團（Wempco）的執行董事及第三代業主。董氏集團是奈及利亞規模最大的私營企業之一。董氏家族五十年前從中國經由香港來到奈及利亞，工廠大量生產木製品、冶煉和軋製鋼材，以及磁磚。他們把孩子送到香港和美國接受教育，勞倫斯是華頓商學院畢業，但整個家族主要是在奈及利亞生活及就業。幾年前，勞倫斯甚至放棄美國國籍，選擇了奈及利亞國籍，他解釋：「我們打算長遠在此發展，這裡是我們的第二個家。」

勞倫斯的家族史提醒了我們，現在不是中國的實業家首次抵達非洲*，也不是非洲首次看起來可能工業化[1]。這一路走來並不容易，如今看起來也尚未成為定局，就像五十年前一樣。一九六〇年代，董家和其他躍躍欲試的中國實業家來到非洲時，非洲看起來已經做好經濟起飛的準備。當時政府的政策重視工業部門（歐洲殖民者留下一個規模雖小、但前景看似光明的工業基礎），國家的新獨立地位也讓大家普遍抱持樂觀的心態。然而，後續幾年卻出現毀滅性的衝擊：總體經濟危機、政府腐敗與無能持續惡化、全球競爭日益激烈。奈及利亞原本有四大中國家族企業，其中兩家倒閉消失。整體而言，奈及利亞及非洲的其他地區都經歷了「產業空洞化」。

不過，歷史的教訓是雙向的。即使諸事不利，生意人往往還是有辦法撐下去。剩下的兩個家族企業不僅存活下來了，後來還蓬勃發展。過去十五年間，非洲許多地區的總體經濟狀況比更早之前的幾十年更好，因此吸引了數百筆新來的中國製造業投資。董氏家族和其他的老一輩都知道，大環境的興衰都是暫時的，另一次經濟衰退隨時都有可能到來，但他們對於未來幾個世代繼續在非洲做生意的能力充滿了信心。總體經濟很重要，但那不是無法改

*事實上，歷史學家可能會指出，董家於二十世紀中葉抵達非洲時，其實是中國移民至非洲的第三波。第一波是十七世紀的荷蘭人經由東南亞把囚犯送到非洲。第二波是十九世紀末與二十世紀初歐洲殖民鼎盛的時期來到非洲大陸的中國契約工。例如，一九〇四年，英國政府把六萬四千名中國契約工送到南非的金礦工作。

變的命運。公司和個人的決定還是很重要，有時那往往是企業成敗的關鍵。一個不慎就可能扼殺了企業發展，但一個英明的決定也可能化危機為轉機，把企業鍛造成世界一流的業者。

這裡所謂的「世界一流」，是指非洲的世界一流。這不是浮誇的野心，儘管過去五十年間奈及利亞似乎自斷了工業化的機會，但世界一流的願景在勞倫斯看來並不牽強。訪談進行到一半時，他提到董氏家族近年來如何把觸角延伸到旅館業。即使經營工廠仍是集團營運的重心，但他們在奈及利亞的最大城拉哥斯（Lagos）開了一家豪華飯店。勞倫斯表示：「我們給飯店主廚的指示是，打造一家米其林三星餐廳。顯然目前奈及利亞還沒有這種東西，所以非常困難。」但他看起來一點也不擔心，「我們在這裡發展五十年了，並未血本無歸，我們可以再等五十年。」

奈及利亞紡織業的興盛與衰亡

工廠開開關關，它們開在某地一陣子，蓬勃發展一段時間，接著黯然關廠。從十九世紀的英國紡織廠到二十世紀的底特律汽車廠和日本電視製造商都是如此，工廠來來去去，開了又關。

一九六〇年代和七〇年代，非洲的工廠開始活躍起來。非洲國家掙脫歐洲的殖民統治後，剛開始獨立的那段振奮期，外國的投資者和各國政府都對非洲出現大規模製造業的前景抱持著樂觀的態度。一九六〇年，奈及利亞從英國獨立後不久，外國的投資幫忙在該國建立了第一家紡織廠。卡杜納紡織廠（Kaduna Textile Mills）可說是一炮而紅，開業第一個月就已經有盈利[2]。一位曾在該廠任職的經理描述，他當初只要拿著「上漿軋光到幾乎發亮的布料樣本，早上到曼徹斯特兜售一圈，並速速走一趟利物浦，就可以賣出六個月的產值，唯一的不便只是需要請一位買家吃午餐而已。[3]」後來更多的業者看到有利可圖，紛紛進入這個市場來分一杯羹，奈及利亞很快就變成主要的紡織品生產中心。

如今，奈及利亞的經濟幾乎是石油經濟的同義詞，但曾有一段期間，奈及利亞最大的產業是最經典的製造品：紡織品。奈及利亞工廠生產的布料不僅在國內與西非深獲好評，連英國那種成熟市場也對它讚譽有加。一九七〇年代初期，奈及利亞生產的棉布是西非總產量的一半。在整個非洲大陸，奈及利亞的紡織業規模僅次於埃及。

一九八〇年代末期，奈及利亞的紡織業約有兩百家公司，是僅次於政府的第二大雇主[4]。除了工廠的工作以外，還有供應原棉的種植者、進行初步加工的軋棉工人、提供機械零件的零件供應商，以及銷售成衣的經銷商。在鼎盛時期，紡織業直接僱用了一百萬名勞工，也為這條價值鏈間接創造了數百萬個其他的工作機會[5]。

在奈及利亞製造業發展的初期，中國已經加入投資。董氏家族就是屬於那波移民潮，奈及利亞的華人圈尊稱他們是「四大家族」之一。他們是一九四九年共產黨接管中國後，逃往香港的實業家族。然而，在香港經商困難，因為許多逃離中國的資本家都抱持同樣的想法落腳當地。所以，許多公司開始放眼海外，尋求其他可以落腳的國家，有些公司因此來到非洲。四大家族是那波移民潮中在奈及利亞發展得最成功的移民，他們在這個第二故鄉發展成製造業的巨擘。其中兩大家族是製造當時最盛行的產品：紡織品。事實上，奈及利亞最大的企業曾是中國人開設的奈及利亞聯合紡織公司（United

Nigeria Textiles）。在一九八〇年代的鼎盛期，那家公司僱用了兩萬多人，也是非洲最大的紡織廠[6]。

奈及利亞聯合紡織公司目前依然存在，但已經不在奈及利亞生產任何東西了。二〇一〇年，奈及利亞一度輝煌的紡織業規模縮減到原來的十分之一，只剩下二十四家公司[7]。連開創先河、歷史悠久的卡杜納紡織廠也於二〇〇〇年代中期關閉了[8]。其餘的公司以平均百分之二十的產能利用率，沿用數十年的老舊技術苟延殘喘[9]。勞工、甚至連紡織工會都同意減薪，但工廠還是一家接一家關閉並解僱勞工。到了二〇〇〇年代末期，整個產業的就業人數已縮減至一萬八千人，比二十年前奈及利亞聯合紡織公司僱用的人數還少[10]，三百萬個勞動工作就此消失[11]，整個社群崩解潰散。兩位研究該產業的學者描述工廠關閉後隨之產生的「低迷」現象和「長期貧困」。那些失業的工廠勞工只能打零工度日，鋌而走險犯罪，甚至英年早逝[12]。

奈及利亞的紡織業究竟發生了什麼事？這個一度主導該國經濟的產業之所以衰微，無法用三言兩語簡單地解釋，那是三種總體經濟力量交互作用的結果：「資源詛咒」、短視近利的政府政策、全球競爭。

「資源詛咒」這個說法乍聽之下很矛盾，這是指意外發現自然資源，卻導致一國變得更窮、而不是更富有的諷刺現象。一九五七年，殼牌（Shell）和英國石油（BP）在尼日河三角洲地區（Niger Delta）發現了石油，掀起一股瘋狂的投資熱潮。一九七〇年代初期，石油資金大量湧入該國，本地貨幣的需求急劇上升，導致奈及利亞奈拉（naira）兌全球主要貨幣的匯率大幅升值。那促使紡織業的製造商進口所有的設備、原物料和備件，而不是在國內開發供應商[13]。

奈拉升值也導致奈及利亞的製造業罹患了「荷蘭病」（Dutch disease）。「荷蘭病」一詞是以一九五〇年代率先遇到這個現象的倒楣荷蘭人來命名。荷蘭發現天然氣以後，出口自然資源，導致匯率上升，「非自然資源」的其他產業變得缺乏競爭力而重創經濟發展。由於奈及利亞的石油獲利豐厚，資金從製造業轉向石油開採。奈拉兌換全球貨幣的匯率升值得愈多，奈及利亞的製造業商品對世界的其他地區來說就愈貴。根據產業的不同，較低的投入成本多多少少可以抵銷匯率升值的效應。有一段時間，這樣做對奈及利亞的紡織業還有效，因為紡織業者可用較少的奈拉購買進口原物料，創造人為的獲利。即便如此，那一招依然是雙面刃，因為紡織的成品價格對世界其他地區來說還是日益昂貴——因此奈及利亞的「非石油」出口大幅下滑。由於產品的價格愈來愈高，奈及利亞的紡織業者從強大的出口商變成只能供應國內市場。一九七〇年以前，奈及利亞有百分之四十以上的出口屬於非石油類別；但一九七三年這個數字下降至百分之二十以下，到一九九〇年代已降至百分之十以下[14]。一九八〇年代，紡織業看來仍有利可圖，但奈拉匯率太高導致產業嚴重失衡：從國外採購所有的原物料和機器，但產出全供應國內。

後來，真正的麻煩來了。一九八〇年代初期，全球油價暴跌。此時奈及利亞的經濟早就過度依賴石油出口，面臨了通貨膨脹急遽飆升、失業增加、國際收支危機。一九八〇年，政府債務占GDP還不到百分之十，但短短六年後已激增至百分之百以上。一九八六年在別無選擇下，奈及利亞接受了國際貨幣基金的「結構性調整方案」（Structural Adjustment Program）——那是一套緊急貸款方案，為奈及利亞提供急需的金援，以換取該國接受華盛頓共識的民營化及經濟自由化的政策。其中一大改變是採用浮動匯率制，沒有預先設定的匯率波動幅度。那個方案啟動之初，奈拉的匯率約是二奈拉兌換一美元；到一九八七年，奈拉貶值，變成四奈拉兌換一美元；一九九一年，貶至十奈拉兌換一美元；一九九八年貶至二十二奈拉兌換一美元[15]。二〇一三年我訪問勞倫斯時，匯率已變成一百六十五奈拉兌換一美元。

對紡織廠來說，貨幣持續貶值的衝擊是毀滅性的，因為它們再也無法進口需要的零組件和機械，而數十年來依賴進口的結果，導致國內也沒有供應商可以滿足這些需求。結果，紡織業的生產力下降得愈來愈快。一九八〇年代中期，世界銀行的研究發現，紡織業的七萬支紡錘「技術上已過時」，其主動式機器的運作效率比該有的水準低了百分之三十[16]。在此同時，奈拉匯率暴跌意味著：國內顧客再也買不起紡織廠的產品，而如今已經習慣跟其他國家採購紡織品的外國客戶也無法在短期內拉攏。

除了發生這一連串的總經不幸以外，政府政策不當更導致雪上加霜。奈及利亞政府面對紡織業的諸多困境，試圖以提高關稅的方式來保護本土產業，以抵抗外來的競爭。織棉布的進口關稅在一九五七年為百分之二十（當時算很低），十年後漲成百分之五十。一九七一年，某些類別的織物和成衣關稅又再次提升到百分之八十到百分之一三六[17]。有了這些關稅保護後，奈及利亞的紡織廠愈來愈沒有壓力提高全球競爭力，因為相較於國外的競爭對手，它們即使愈來愈沒有效率，依然有利可圖。

持平而論，那種政策——稱為「進口替代工業化」（import substitution industrialization）——當時在世界各地都很流行。當時的想法是，如果政府能保護國內廠商不受外國競爭的影響一段時間，廠商的生產會有所進步，與國外業者比拚時更有競爭力，最終將以國產品取代以前的舶來品。不幸的是，奈及利亞政府愈是保護國內廠商，問題變得愈嚴重。保護主義只是延長了效率低落公司的衰頹時間，並未提高生產力，因此未能阻止國內廠商最終的滅亡。即使政府持續提高關稅，國內紡織業仍持續萎縮。

此外，奈及利亞政府在其他政策領域並未祭出對紡織業有利的方案。它忽視了基礎設施的維護和投資，使企業難以獲得電力——從奈及利亞在全球能源市場的新主導地位來看，這點實在很諷刺。多年後，一位紡織工人向學者解釋：「我剛進卡杜納紡織時，為自己的紡織工人身分感到自豪……電力是影響紡織業的政府政策，但電力不穩。我剛入行時，產業狀況很好……但後來出現黑油問題，導致成本飆升了四倍或更多[18]。」由於多年來政府的忽視，奈及利亞的供電系統極其不穩，紡織業者不得不依賴備用發電機及昂貴的低流動點燃油（通常稱為黑油）。

奈及利亞政府日益惡化的效率以及資源詛咒這兩股力量會相互強化：創造愈來愈嚴重的食利狀態，導致兩者相互助長。奈及利亞政府不僅未能妥善管理國家資源，還日益從那些資源中榨取利益。美國知名的智庫布魯金斯學會（Brookings Institute）指出：「可改善個人所得稅、農業所得稅或房地產所得稅的政治壓力付之闕如，因為大家都相信石油收入將永遠帶來盈餘。[19]」這種不健康的稅基縮減（縮減到只比石油稅收高一點點的水準），減少了政府提供可靠服務的義務——因為納稅人的存在有一個好處：可以對政府施壓，逼政府提供服務以換取那些稅收。在缺乏那種問責制之下，奈及利亞政府逃避了更多打造基礎設施、公共服務、日常行政管理的責任，有些政府官員甚至還監守自盜。二〇一二年，世界銀行一位負責非洲事務的前副總裁估計，自一九六〇年獨立以來，奈及利亞的石油收入中，約有四千億美元遭到盜用或濫用[20]。

不過，除了前述奈及利亞人的作為與無作為以外，非奈及利亞人學會的事情也加速了該國紡織業的衰亡。也就是說，在那段期間，亞洲企業想出比世界上其他地區更有效生產布料的方法。在海外投資及國家優惠政策的協助下，東亞的紡織生產突飛猛進。例如，一九六八年到一九七三年，韓國紡織品和服裝產量平均每年成長百分之二十六，出口成長每年更是高達百分之四十七[21]。南韓在這方面特別有代表性：一九七〇年代以來，中國、香港、印尼、馬來西亞、菲律賓、新加坡、南韓、臺灣、泰國的製造業增值每年平均成長百分之八到十[22]。這個故事充滿了戲劇性：撒哈拉以南非洲地區占全球紡織製造業的比例，從一九七〇年代的百分之一．九降至二〇〇〇年代初期只剩百分之〇．一；相對地，亞洲那些開發中國家的比例則從百分之八上升至百分之二十五[23]。奈及利亞過度沉迷於石油經濟時，亞洲變成了世界的紡織生產中心。

這三種發展——國內產業受到總體經濟力量的衝擊、腐敗無能的政府、海外競爭者學會以廉價又有效率的方式製造產品——結合在一起，為一種隱伏的禍害發展營造了完美的條件：走私。一九七七年，奈及利亞政府亟欲振興陷入困境的紡織業，遂以「完全禁止紡織品進口」的手段來取代原本的關稅制度。然而，當時亞洲紡織品和奈國紡織品之間的價差已經很大，走私者可以輸入比較便宜的亞洲紡織品，買通海關，以低於國內業者的生產成本來販售那些走私品，依然獲得可觀的利潤。因此，政府推行進口禁令後，效果適得其反，不僅沒讓奄奄一息的紡織業復甦，還為走私創造了完美的誘因，等於為國內產業宣判了最後的死刑[24]。更重要的是，關稅收入也消失了：本來政府可以從進口關稅中取得的稅收，如今流進了貪腐海關人員的口袋。

湧入奈及利亞的走私紡織品和成衣大多來自中國。因此，奈及利亞人常把本土製造業的消亡，尤其是紡織業的消亡，歸咎於中國。誠如奈及利亞某大報的報導：「如今紡織業面臨諸多問題，但主要問題及隱憂是紡織品的走私，這個問題尚未控制住。這種走私的特點是複製我們的設計和商標，在亞洲國家製造，再送入奈及利亞的市場。[25]」此外，拉哥斯的唐人街似乎已成了當地主要的走私中心，導致問題更加棘手。二〇〇六年二月，奈及利亞的海關在那裡發現三十輛滿載違禁紡織品和成衣的拖車。審計部長因此下令關閉整個唐人街，並逮捕幾名中國商人，理由是「中國人公然濫用及違反奈及利亞的經濟和財政政策[26]」。幾天內，奈及利亞的參議院以極不尋常的方式接掌了這個事件的管轄權，迅速釋放那些商人，並讓唐人街恢復營運。此舉加深了大眾對暗箱交易及賄賂的懷疑。事實證明，在獲利方面，毫無國家忠誠度可言。奈及利亞的紡織業是中國的實業家幫忙創造出來的，但後來也毀在中國走私者的手中。

總體經濟的轉變、政策制定的無能、日益加劇的全球競爭——這三股力量的不幸結合，也扼殺了奈及利亞製造業的其他領域。儘管一九六〇年代製造業占該國 GDP 的比例仍有百分之十，但截至二〇一〇年，比例已降百分之二[27]。就比例上來說，那個降幅比同期密西根州經歷的降幅還大。那段期間底特律從全球汽車之都變成美國最明顯的城市衰敗實例。

奈及利亞的製造業確實經歷了特別急劇的下滑，但那也是非洲大陸整體趨勢的象徵[28]。從一九六〇年到二〇一〇年，迦納的製造業占該國 GDP 的比例腰斬到只剩一半，坦尚尼亞的降幅也高達三分之一。整體而言，非洲國家在一九六〇年代和七〇年代擺脫殖民後、剛獨立的最初幾年間，製造業的發展動能比現在更強勁。如今製造業只占非洲 GDP 的百分之十三以及非洲出口的百分之二十五，這兩個比例都比全球的其他地區小（除了盛產石油的中東地區以外）[29]。在過去半個世紀間，非洲國家非但沒有變成大規模工廠蓬勃發展的工業大國，還出現產業空洞化。縱觀工廠的生死存亡，非洲工廠的生命很短暫。

讓非洲製造業復甦的中國投資熱潮

然而今天，非洲的工廠又再度重生，這實在很奇怪。一般的工廠就像兩百年前的英國紡織廠及現代的底特律汽車廠一樣，工廠一旦開始衰亡，通常就不會起死回生。但我們看到，非洲的工廠打從一開始就不是很穩健，在一九八〇年代和九〇年代似乎相繼滅絕。但董氏集團等企業開設的工廠卻有如浴火鳳凰一般，變得更有競爭力，業主也比以前更有信心。二〇一三年，董氏家族看準了奈及利亞的經濟前景以及該公司在奈及利亞長期營運的能力，斥資十五億美元打造非洲最大的冷軋鋼廠[30]。其他撐過經濟低迷時期的中國大家族也正在擴張：李氏集團在奈及利亞建立新廠，生產的產品包羅萬象，從塑膠袋到麵包、再到瓶裝水，應有盡有。這些長期投資非洲的中國投資者現在正大舉把資金再度投入非洲。此外，每年初來乍到非洲的中國企業家也比以往多出許多。如果說第一波的中國實業家幫非洲創造出製造業，後來一波的中國走私客扼殺了非洲的製造業，那麼現在這新一波中國投資熱潮正讓非洲的製造業恢復生機。

以前有關中國在非洲投資的資料很少，我在麥肯錫公司與同仁共同領導了一個大型的研究專案，希望改變這種情況。我們聘請了一小群中國的自由撰稿記者、博士生，以及以前在國有企業任職的員工，培訓他們進行歷時一小時的調查，派他們到八大非洲國家的華人社群進行調查。那八個國家約占撒哈拉以南非洲GDP的四分之三。我們找到了一萬多家中國企業——沒有人料到中國人在非洲做生意的活躍度及信心竟然那麼高[31]。在實地調查的那八大國家中，我們發現的中國企業數量，幾乎是之前最大資料庫的四倍，其中三分之一（約一千五百家）的中國企業是製造商。如果這個比例可以泛推到整個非洲大陸，非洲的中國製造商已多達三、四千家。

懷疑者可能會指出，如果這些企業的規模很小，數量再多也不重要。然而，儘管中國在非洲的製造業投資往往小於那些霸占新聞版面的大規模基礎設施專案，但那些製造廠並非微不足道。我們調查了近兩百家製造企業，它們的平均年收入是兩千一百萬美元，這個金額遠遠超過多數非洲國家定義的中小企業標準。而且，那些中國製造業者幾乎都是私營的，不是中國的國有企業（SOE），可見那些投資是出於獲利動機，而不是出於政府指令。有些新聞報導強調中國政府與非洲一些中國企業的關連，熟悉那些報導的讀者可能會對前述資料感到意外。但中國幅員遼闊，中國的經濟有很大一部分是私營事業。畢竟，中國的多數老闆之所以開設工廠，是為了追求私人財富。中國投資者楊文義（Yang Wenyi）在奈及利亞投資了多家製造廠，他告訴我：「我不需要政府，我沒有做任何違法的事情，也不需要爭取政府的合約。[32]」民營企業家為民間消費者製造有形的商品：這就是中國製造企業運作的方式，它們在非洲運作的方式跟在中國一樣。

顯然，外國業者在非洲能有這樣的製造業投資水準相當獨特。相較之下，二〇一四年八月歐巴馬政府宣布美國私營部門在非洲投資的一百四十億美元，主要是集中在銀行、建設、資訊科技等領域[33]，這背後有充分的理由：幾十年來，美國和其他的已開發國家持續把工廠遷到開發中國家，如今本土幾乎已經沒有製造業可以遷往海外了。在歐洲、日本、北美地區，製造業的就業比例穩定地下滑，從一九七〇年的百分之二十到百分之四十，二〇一二年只剩下一半[34]。中國以外的其他地區，多數的開發中國家也沒有那麼多製造業可以外移：巴西製造業的就業比例高峰出現在一九八六年，是百分之十六；印度製造業的就業高峰出現在二〇〇二年，僅百分之十三[35]。只有中國有大量的製造業可以遷到海外，而且絕大多數的外移是移向非洲。

飛雁為何成群結隊地飛向非洲？

但怎麼會這樣？為什麼非洲的製造業從各方面來看在上個世代已經消亡了，如今卻又吸引那麼多的投資？

這個問題有兩個答案：一個是結構性的，一個是個體性的。結構性的答案是從總體經濟的觀點來看全球經濟的大規模變化。南非出生的哈佛經濟學家羅伯・勞倫斯（Robert Lawrence）如此解釋：「全球來看，隨著中國等大國走出經濟底層，那些仍處於經濟底層的國家就會獲得很大的機會。[36]」事實證明，處於底層還是有好處——經濟學家稱之為「後發優勢」[37]。首先，低所得國家就是人民所得低，工資比富國少，所以對勞力密集的產業來說是很有吸引力的生產地點。再者，由於多數貧國的經濟產出和就業主要仍集中在生產力較低的農業領域，它們的生產力仍有很大的成長空間。也就是說，基數很低時，要展現成長幅度並不難。第三，開發高生產力的技術時，中間反覆試驗的成本高昂，那些後發的開發中國家不採用那種試誤法，而是直接採用其他開創性國家先前驗證可行的技術和創新[38]。隨著亞洲國家富裕起來，直接複製它們開發的機器和生產方式，可以為那些尚未工業化的非洲國家提供一種投機的追趕策略。

這種邏輯——以非洲國家的工資和生產力遠遠落後全球水準為基礎——固然對非洲來說不太有面子，但確實是一種扎實的結構性因素，可以解釋為什麼現在飛雁成群結隊地飛向非洲。此外，非洲的中國企業家也證實了這個邏輯：我在研究的過程中，訪問了數十位中國的工廠老闆。他們指出，中國勞力成本攀升及進口技術的能力是他們轉往非洲做生意的主因。

然而，這無法解釋為什麼董家不管總體經濟的形勢如何，都願意在奈及利亞繼續再待個五十年。更重要的是，他們正加倍投資，不僅持續經營現有的工廠，還大舉斥資十五億美元設立鋼鐵廠，連奈及利亞總統都出席了工廠的開幕式[39]。為什麼他們明明經歷過最嚴重的災難（包括石油危機、軍事獨裁政體、國際貨幣基金的國家援助、匯率暴跌），卻依然對奈及利亞的製造業如此樂觀？

這就是個體性答案很重要的地方。結構性的力量只點出大方向，但不明確。個人的投入和公司的巧妙運作依然很重要。這並不是說結構性的解釋沒什麼根據，而是承認即使有最好的條件，也需要個人願意賭上生計才能奏效。個體遇上某種環境時，採取行動去改變環境，並在過程中也受到改變，就會出現進步。

把不利的環境因素化為金礦

螢光粉、乳白色、迷彩綠、橘色。機器輕輕地壓送出一片片的塑膠薄片，狀似超大片色彩繽紛的餅乾麵糰。工人把它們放到架上冷卻，暫停下來確認說明，按照規定的顏色組合疊放那些塑膠片：深藍—米色—深藍；黑—白—朱紅。疊好的塑膠片會先放進一台機器中，讓機器把它們壓在一起；接著再放進另一台機器中，讓機器在塑膠片上裁剪出腳狀的切片。工人取出那些腳狀的切片，並按照樣式和尺寸小心地分類。他們把腳狀的切片放上輸送帶，讓其他的工人拿去加裝Y狀的帶子。五彩繽紛的小小塑膠片（那是鞋板打孔以便穿過Y狀帶子的地方）落在地板上，狀似五彩碎屑。一名工人四處清掃那些塑膠片，以便把它們混入未來的彩色塑膠中，製成更多的人字拖。

我們很難確定全球產量最高的鞋廠是哪一家，因為我知道的組織都沒有這方面的統計數據。但這家鞋廠很可能就是冠軍：李氏家族在奈及利亞開的人字拖工廠。李氏家族是奈及利亞四大中國家族中另一家碩果僅存的企業。除了生產瓶裝水、麵包、塑膠袋、鋼鐵以外，李氏集團（Lee Group）每天生產一百二十萬雙的人字拖。這家公司生產的人字拖可以讓美國的男女老少人人每年換穿一雙還有剩，或是讓奈及利亞的男女老少每年換穿兩雙。

找不到比這家工廠的轟鳴聲更能證明非洲能夠實現工業化的證據了。這家工廠的業主不僅撐過了非洲發展的最糟時期，事後對非洲製造業的前景還比以前更有信心。他們之所以那麼有信心，不是因為他們認為未來條件一定會很有利，而是因為他們相信自己有能力為那些條件找到合適的商業模式。誠如那位帶領我參觀工廠的經理所言，他的公司之所以如此成功，完全是因為李氏集團決定做與競爭對手完全相反的事。中國的人字拖工廠比較小、結構比較靈活，因此每一季可以生產不同款式的人字拖。但是相較於新款式，奈及利亞的多數消費者更喜歡低價，所以李氏集團生產的款式很少，但產量大得多。它們透過標準化獲得更高的效率：除了改變暢銷商品的顏色以外，它們幾乎什麼也不改，只做零售價一雙約一美元的基本款人字拖。因此，他們幾乎可以不停地經營這家規模龐大的工廠，把單位成本壓得比中國的人字拖工廠還低。

儘管李氏集團在奈及利亞及鄰國擁有「百分之九九．九九的市占率」，但它並沒有利用這種獨占力來提高價格。該公司明白，其商業模式主要是依賴那些不願或無力支付更高價格的消費者，所以它持續以走私者無法匹敵的價格來銷售人字拖。它找到合適的商業模式，足以把不利的環境因素（貧窮、在乎價格的消費者）變成一座金礦。因此，奈及利亞找不到走私的人字拖。

在許多製造商經營困難下，這家公司就是靠這一招持續營運了半個世紀。

多虧這種世界級的成本結構和嚴格的定價策略，李氏集團的人字拖事業得以蓬勃發展。幾年前，全球最大的零售商沃爾瑪（Walmart）致電李氏集團，此舉對該集團而言可說是最大的肯定。沃爾瑪想知道李氏集團是否願意為沃爾瑪供應人字拖，但李氏集團拒絕了。長久以來，李氏集團是在人字拖工廠的大門，把所有的產品批發給當地的批發商，那些批發商再把人字拖運到奈及利亞及西非鄰國的每個角落販售。這家公司不曾遇過產品供過於求的問題，所以覺得沒必要為了服務沃爾瑪而讓長期合作的經銷商失望。它不需要全球最大零售商的生意，因為它已經找到一種更有效的生產模式來服務那些更在乎價格的消費者。就某種意義來說，它比沃爾瑪更善於斤斤計較價格。

第三章

布料與成衣、鋼條和鋼板

在半個非洲大陸之外的小小山地王國賴索托，沈太太今天過得不太順遂。她的丈夫坐在有空調的工廠辦公室裡假裝工作，但實際上只是在刷手機打發時間。在此同時，沈太太一直在工廠裡忙個不停，那裡沒有空調，鐵皮屋頂吸收了非洲南方的夏日陽光，悶熱得很。

沈太太後來對我的態度比較軟化，只有一個原因：因為我的母親來自上海，她的家鄉也是上海。她一聽到我這麼說，馬上從講得有點生硬的普通話，切換成流利的上海話。我不得不語帶抱歉地解釋，由於我父親是北方人，我從來沒學過上海話。沈太太一聽又露出不耐煩的樣子，所以我連忙提起我母親也姓沈，於是她又再度放下戒心，答應帶我參觀工廠。

我們踏進主工廠時，機器轟隆隆的聲響又躍升了幾個分貝等級。這個低矮的工廠裡，迴盪著數百台密集排列的機器所發出的尖銳縫紉聲，碎布散落在地板上，工人排排坐在縫紉機的後面工作。每排形成一條生產線，負責以正確的方式把一塊塊的布料縫起來，做成銳跑的運動T恤。在每條生產線上，工人把成批的在製品相互傳遞，各自加縫一條縫或增添一個元件。沈太太正煩惱著這批銳跑訂單的生產進度略為落後。由於她只會講簡單的英語，難以要求員工加速趕工，但她一直追蹤著工廠裡的十條生產線。只要發現一條生產線的進度落後，或另一條生產線在等待工作，她就馬上批次調整工作量，讓每個員工都有事做。（在第二部，我們會從賴索托的成衣工人與中國老闆應對的角度來分析這種情況。）沈太太感嘆地說，這些扎實的運動T恤看起來很簡單，但實際製作起來很複雜：至少需要四個塑膠熱壓貼花，每個貼花都必須手工對齊，並用專門的機器壓印到位。她以手勢示意我進入一個邊間，裡面擠滿了工人忙著為每件T恤做四次熱壓轉印。機器把每個三角型的小商標壓印到位時，發出了嘶嘶聲[1]。

沈太太和賴索托成衣業的其他中國老闆一樣，對上個世代奈及利亞紡織業的消亡一無所知，其實不知道才正常，但他們與奈及利亞的紡織廠形成了奇妙的對比。為什麼奈及利亞聯合紡織品公司無法為奈及利亞人生產布料，沈太太的賴索托工廠卻靠著為美國的消費者生產銳跑T恤而蓬勃發展呢？如果上一代的工廠大多已經關閉消失，為什麼這一代比較有可能為非洲帶來大規模的工業化？

我們將會看到，答案在於「非洲製造」這個大標題下所涵蓋的多元商業模式。製造業的宏大敘事一直以來都是在講一些簡單的道理，無論是「工廠往往設在勞力成本最低的地方」之類的老格言，還是「製造業很快就會徹底淘汰勞力，完全依賴機器人」之類的新格言都是如此。但真實的樣貌其實更加複雜，也更有趣。每次我在非洲訪問中國的企業家，我都會問他們當初決定投入那一行的始末，是從哪裡開始做起的。他們的故事豐富多元，令我驚嘆不已。有時他們選擇那個事業是因為他們從之前的工作中瞭解到那一行，或是因為那是他們負擔得起的投資；有時他們想出了全然不同的巧妙商業模式；有時是受到一國的基礎設施或總體環境的吸引，或是深受地球另一端的全球貿易政策所誘惑。這些故事勾勒出創業者竭盡所能因應複雜的現實，試圖在他們幾乎無法掌控命運的賽局中成功及獲利。

如今的非洲工廠不再是利用廉價勞工的血汗工廠，而是不斷地因應從總經到個體的多元因素。他們的商業模式對工人有不同的影響：有些工廠僱用大量的工人、有些僱人很少；有些工作即使經歷景氣低迷依然屹立不搖，有些很容易汰換。非洲的成長不是以同樣的方式影響非洲大陸的每個地區，而是不均衡、零散的。隨著局勢發展，多變的環境有利於某些商業模式，但不利於其他模式；有利於某些國家，但不利於其他國家。這種不平衡有一個好處：非洲的現代工廠不再像以前奈及利亞的紡織廠那樣大同小異，而是呈現出形形色色的多元樣貌——這種情況大大降低了單一總經事件或背景衝擊就全面摧毀整個產業的可能性。簡言之，多元性也是一種韌性。

商品是如何製造的？顧客是誰？

中國人在非洲開設的工廠生產五花八門的產品，從蓬鬆的真皮沙發到藥物膠囊，從為美國人設計的貼身瑜伽褲到當地蓋房子需要的鋼條等等，應有盡有。我們如何理解這些五花八門的品項及其代表的各種商業模式？這種多樣性其實可以分為四類，每一類代表著不同的經營模式，涉及不同類型的供應鏈，並對當地的就業機會產生不同的影響。這四個類別形成兩個維度的交集：商品是如何製造的，以及顧客是誰（見下頁圖3.1）。

第一個維度是經濟學中的經典選擇：在勞力密集vs.資本密集的生產方式之間挑選。對創業者來說，這個選擇至關重要，因為那決定了有多少資金留

圖3.1　瞭解非洲大陸那些中國工廠的兩大維度

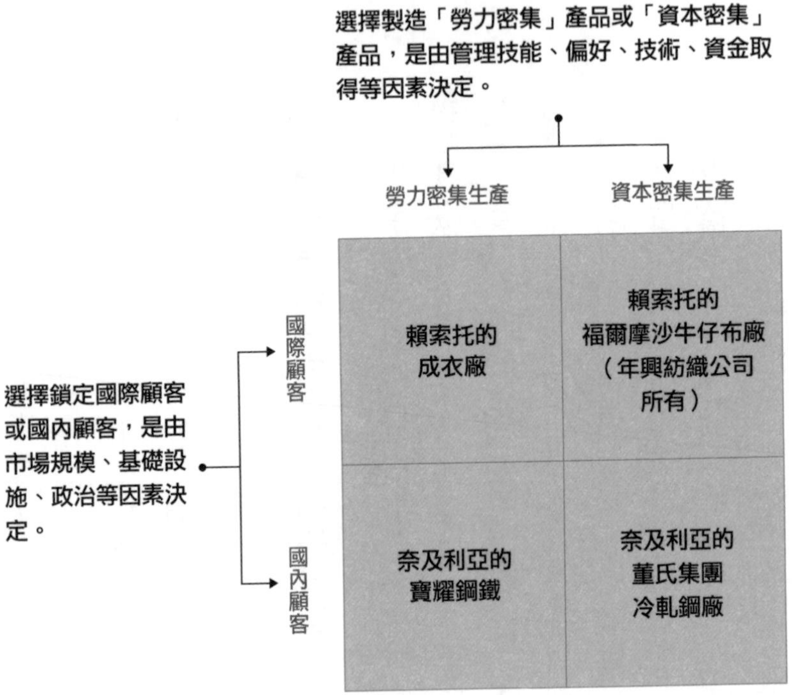

在企業裡，以及需要實際管理多少勞力。對於地主國（非洲國家）來說，這個維度決定了工廠在當地創造的就業量，以及工廠長期存續下來的可能性。雖然成衣和紡織品看似類似的產品，然而，關閉一家成衣廠很容易，但要關閉紡織廠則需要深思熟慮很久。關閉成衣廠時，老闆只需要辭退工人，變賣縫紉機就好。關閉紡織廠則涉及價值數千萬美元的高度專業機器，無論是尋找買家或是把機器運給買家，過程都複雜許多。

另一個維度是顧客是誰。這些產品是為了賣給國內消費者，還是出口到海外市場？這對工廠來說是一大區別，因為這決定它們設計產品時，需要因應什麼需求訊號；以及它們必須理解與管理的供應鏈有多長及多複雜。大家常認為這個維度也決定了一家工廠的競爭對手群——尤其是那家工廠面臨海外競爭的程度。但我們在上一章看過，由於貿易和走私增加，即使是供貨鎖定國內市場的工廠，也需要和地球另一端生產出來的產品競爭。奈及利亞的拙劣貿易政策顯示，企業可能受到政府政策的嚴重影響而朝某個方向發展，例如只服務國內消費者或只出口到海外。如果說奈及利亞的保護主義是一種極端，那麼歐盟和美國過去幾十年制定的優惠貿易政策則是另一個極端。成衣商之所以到賴索托設廠，就是因為歐盟根據《洛梅協定》（Lomé Convention）讓賴索托出口的商品可以免關稅進入歐盟國家。《洛梅協定》有效期屆滿後，《非洲成長暨機會法案》（African Growth and Opportunity Act，簡稱 AGOA）也把同樣的模式套用在美國市場上。這樣一來，亞洲人開的成衣廠就有誘因，為了供貨給歐美的消費者而把價值鏈繞經非洲。

這四個分類很重要，因為無論從創造就業機會或是從風險的角度來看，它們對非洲國家有巨大的影響。勞力密集的工廠僱用了許多工人，然而經濟一旦衰退，他們的工作也轉瞬即逝。資本密集的工廠可能雇工較少，但由於固定成本高昂，即使大環境不景氣，工廠也常繼續營運下去，所以勞工的工作「比較有黏著性」。服務國際顧客的工廠因市場較大而受惠，但也因此面臨額外的風險：匯率波動、貿易協定，甚至連遙遠國家的「消費者品味轉變」這樣簡單、但決定性的因素也有可能對業者造成衝擊。

我們藉由實地走訪四家真實的工廠，來說明這些動態的影響。第一家是沈太太的成衣廠。賴索托約有二十家成衣商採用同樣的商業模式：勞動密集的營運方式、客戶遍及全球。這些製造商為美國消費者熟悉的大品牌完成訂單，例如李維、沃爾瑪、柯爾百貨等等。最大的工廠僱了數千名工人，最小的只僱了幾十人，剛好夠兩三條生產線使用。這類成衣廠中，許多規模較小的業者是大廠的外包商。大型成衣廠負責處理客戶訂單，再把自己做不完的量分包出去。

沈太太的工廠有幾百名工人，屬於這類規模較少的成衣廠。沈太太一開始進入賴索托的成衣業，是在某大成衣廠擔任經理，她在那裡瞭解了這一行的運作方式。慢慢地，她對自己管理工廠的能力有了信心。她看到老闆接下的訂單無法完全自己供應時，決定把握機會，運用她和夫婿的積蓄，自己開一家工廠。

雖然沈太太是老闆，但她的工廠不直接從客戶接單，而是接其他工廠做不完的單子，包括她的前雇主。所以她的成本很低，她的帳面資產就只有幾百台的縫紉機和熱壓機。那些用來製造銳跑T恤的灰色和藍色布料也不是掛在她的資產負債表上，仍是掛在外包訂單的成衣廠上。像沈太太那樣的工廠唯一增添的價值是勞力。

在這個自動化的年代，大家對於機器人可能取代勞力普遍感到不安，上述情況可能令人訝異。但你只要仔細觀察沈太太的員工所做的工作，就會明白為什麼人類在這種製造業中依然不可或缺。首先，布料必須切割成特定的形狀，而且還要對應不同的衣服尺碼，切出不同的大小。接著，布塊必須以正確的方式及特定的順序擺放及縫合起來。一件簡單的T恤可能需要十幾個縫製步驟。至於更複雜的衣服，比如牛仔褲，則需要三十多個步驟。更重要的是，即使是看似簡單的T恤，銳跑等公司每季都會改變剪裁、設計和規格。當工作每隔幾個月就會以幾種不可預測的方式改變時，設計機器來自動化工序毫無意義。這就是為什麼成衣不是很自動化的原因：最有成本效益的製衣方法，仍需要工人手工裁剪布料，以正確的方式和順序排列布料，然後把它們放進機器裡處理。

這對機器來說也許很難，但是對人類來說很容易。誠如沈太太的個案所示，這個行業的進入門檻很低。只要你喜歡微觀管理，又有點積蓄買縫紉機，就可以開工廠，但這一行很不穩定，利潤極低，像匯率波動那樣看似無害的因素，可能一舉摧毀事業。由於沈太太的收入是以外幣計價，但她付給工人的工資是以賴索托的洛蒂（loti，複數maloti）計價，當地貨幣稍有升值都對她不利。她必須以某個外幣價格接單，並在收到成品付款之前，先支付工人的工資。過去兩三年，她很幸運，洛蒂貶值補貼了她的利潤。但她不可能永遠指望洛蒂貶值，因為貨幣升值是二〇〇五年賴索托的產業全面遭到重創的罪魁禍首之一。光是那一年，成衣業的五萬名勞工中，就有一萬四千人因為工廠接連倒閉而失業[2]。如果這樣的事件在今天重演，沈太太也沒有多少轉圜的餘地——她的工廠規模小，也缺乏成衣承包商的議價權，所以她無法靠漲價來維持利潤。

事實上，成衣業如今是由一條全球供應鏈主導，沈太太的工廠只是其中的一個小環節。設計是由美國、歐洲和其他開發國家的零售業者負責，亦即那些眾所皆知的品牌——李維、科爾百貨、銳跑、沃爾瑪。這些零售商去找幾家主要位於香港和臺灣的超大型採購公司（我採訪的一位專家稱它們為「大採購」）達成協定，在指定日期以指定價格做出它們設計的商品。接著，大採購再去找小承包商——亦即把工作發包給一大群規模小很多的工廠，那些工廠遍布在亞洲、非洲和拉丁美洲。採購公司與這些供應商談定供貨價格，接著提供它們款式，往往連布料也一併提供。這些供應商可以再轉包給沈太太那樣的小廠。每一步，利潤都會變薄。產業鏈中的每家工廠完成其分配的任務時，就把成品裝進貨櫃，幾個月後，裡面的商品就遍布在已開發國家的商店裡了。

在成衣業的價值鏈中，身處在沈太太那個環節是有風險的：只要搞砸了一份訂單，或是匯率小幅波動，都可能抹煞所有的利潤。但優點是，她可以隨時關廠退出。如果不利經營的情況延續好幾個月，她可以關廠，抽離這個產業。事實上，二〇〇八年，美國國會看似不可能延長《非洲成長暨機會法案》的有效期時（那是美國與賴索托及其他非洲國家的優惠貿易條款），許多像沈太太那樣的小廠確實在一夕間關閉了[3]。原本那個產業有近四十家業者，一夕間腰斬只剩下一半。

可想而知，對當地人來說，這一切令人失望。經濟學家勞倫斯・愛德華茲（Lawrence Edwards）和羅伯・勞倫斯寫道：「那些工廠幾乎都是外國人開的，他們提供組裝、包裝、運送服務，依賴亞洲總部接單、設計衣服及提供需要的布料……管理者幾乎都不是當地人，布料的採購者、衣服的行銷者、關鍵的策略性決策都是千里外的亞洲總部做的。[4]」不過，這也有好的一面：這是製造業中最典型的勞力密集商業模式。成衣業是這些國家中最大的雇主並非偶然。此外，它也讓那些學歷不高的人可以靠收入不高的工作為生，那些低薪工作不太可能吸引外國人來做。事實上，儘管那些工廠幾乎都是外國人開的，但它們很少僱用外國人：百分之九十七的工作崗位都是由當地人負責[5]（我們將在第五章介紹一些賴索托的成衣廠工人）。但這些工廠一直和遙遠國度那看不見的競爭對手相互競爭，總體經濟稍有波動就可能迫使它們退出產業。這世界上還有其他的方式，或其他不是那麼多變無常的事業嗎？

在城市的另一端，福爾摩沙牛仔布廠（Formosa denim）不僅外觀及感覺上是截然不同的世界，也是以全然不同的邏輯運作。身材高大挺拔的臺灣前軍官瑞奇・張（Ricky Chang）準時在一間明亮但擺設簡單的會議室裡迎接我。一面牆上有個架子，上面擺著近百份的牛仔布樣，整整齊齊地疊在標示著項目編號、描述（靛藍伸展絲光布）、「洗碼」（washing ref：「❶未洗；❷漂洗；❸天然石洗；❹天然石漂」）的衣架上。會議室裡的塑膠桌椅和地板是一致的鐵灰色。唯一有點妙的配件是窗戶上掛的黑色窗簾，仔細觀察會發現那其實是深色牛仔布製作的。

福爾摩沙牛仔布廠是臺灣上市公司年興紡織（Nien Hsing Textile Company Limited）旗下的三家牛仔布廠之一，另外兩家工廠開在墨西哥和臺灣[6]。該公司的市值近三億美元，相較於沈太太的工廠，這間牛仔布廠猶如龐然大物[7]。年興除了經營那三家牛仔布廠以外，在世界各地還有七家成衣廠，客戶都是美國購物中心裡的知名品牌，例如李維、Gap、Old Navy、

Children's Place 等等。「以前我們也接沃爾瑪的訂單，但那家公司太強硬了！」瑞奇笑著告訴我[8]。

福爾摩沙牛仔布廠僱用了一千兩百名工人，設廠成本近一億美元[9]，占地面積有好幾個足球場那麼大，相鄰的幾棟建築都是覆蓋著同樣的水藍色屋頂。起初，瑞奇不讓我到會議室外參觀工廠的其他部分，他婉拒的態度很客氣，但立場堅定。在那和善的笑容下，以前受過的軍事訓練令他不免質疑外人的意圖。但那個巨大的工廠是我在世界各地見過最大的（包括美國在內），我一直纏著他，希望他能讓我看幾眼。幾天後，他聯絡我再去一趟，並請一位較低階的經理帶我參觀那座巨大的工廠。那位經理相當友善，也為我說明了事情的經過，但我猜想，他的意思也是想確保我不要拍下不該拍的照片。

我們從廠房外的裝貨台開始參觀。半拖車上堆放著一捆捆的非洲棉花，那些棉花是遠從兩千五百英里外的坦尚尼亞運來的。我們走進廠房內，經理伸手撫摸一卷剛卸下來的柔軟原棉，我看到那卷原棉裡還殘留著種子的黑點及其他植物的殘渣。巨大機器利用高速的氣旋吹著大量的棉花卷，把棉花吹得蓬鬆並清除殘渣。他們把深色的殘渣掃成堆，一堆一堆看起來像罌粟籽。

另一些機器把清潔乾淨的棉花紡成直徑約一英寸的柔軟鬆散棉繩，接著再進一步紡成更細的棉線，捲成更大的線軸，最後得到粗細僅幾公釐的白色細線，捲成每支重達兩噸的線軸。在整個過程中，我只看到三個工人。

接著，他們把紗線裝上自動織布機。機房裡有數百台織布機轟隆隆地運作，每台都吐出兩碼寬的牛仔布。這個機房的工人較多，但幾乎一切工序都是自動化。工人的任務主要是根據需求，把線軸送入機器裡。機器織成的布卷是送到染整室，那裡散發著漂白劑及漂洗各種牛仔布的化學刺鼻味（染成深色、淺色、斑點、褪色等等）。布料染色後，每批布料都需要經過清洗，並從一個與眼睛等高的平台滾過，讓檢查員仔細檢查布面是否均勻。據我的觀察，這是生產過程中唯一勞力密集的部分：工人仔細查看滾動的布料，記下他們察覺的小突起或不平整的地方。這些紀錄會交給裁布的工廠，讓他們知道該避開布料的哪一部分。畢竟，沒有人希望穿到布料不平整的牛仔褲。紀錄完成後，機器會自動把牛仔布切成兩個人可以抬起的小卷。倉庫人員把那些小卷整理成幾堆，運給不同的客戶。

在整個參觀過程中，雖然是上班時間，工廠也是以正常的產能運作，但我看到的工人大概只有三十幾個。工人的人數之所以那麼少，部分原因在於福爾摩沙牛仔布廠實在太大了，一千兩百名工人分布在裡頭感覺很稀疏。但另一方面也是因為，福爾摩沙牛仔布廠是資本密集的事業，而非勞力密集。與沈太太的工廠一比，這個情況就很明顯。雖然沈太太拒絕透露她在事業上投資了多少資金，但要粗略估計其實很簡單。我們知道她的帳面資產主要是縫紉機，一台工業用縫紉機的價值通常是一千美元，這使其工廠的主要資產價值約有二十五萬美元。有些機器很可能是二手的，所以這個估計值可能還偏高了。再加上一些額外的機器，例如用來轉印銳跑T恤標誌的轉印機，籠統估計的總值可達三十萬美元。相較於福爾摩沙牛仔布廠一億美元的總投資，沈太太的投資僅是福爾摩沙牛仔布廠的百分之〇．三。但沈太太僱用約兩百名工人，創造的就業機會卻是福爾摩沙牛仔布廠的六分之一。她的工廠每投資一千五百美元就能提供一份工作，福爾摩沙牛仔布廠每投資八萬三千元才創造一份工作，差異高達五十五倍。

福爾摩沙牛仔布廠的商業模式雖然創造的就業機會不多，卻以工作穩定性彌補了數量上的缺憾。瑞奇告訴我，工廠每週付工人一千一百洛蒂，當時相當於七十美元，那比沈太太付給工人的工資低一點，但瑞奇表示，那比越南紡織廠的現行工資還高。儘管年興紡織公司在越南也有設廠，但它無法把牛仔布的工廠從賴索托遷到越南，因為搬遷幾個足球場大的專用機械橫越大洋，那物流簡直是個夢魘，而且過程可能耗時數年。所以，儘管賴索托的工資比越南高，若要年興關閉賴索托的工廠，遷往成本更低的國家，那成本差距肯定要很大才值得。以年興投資的資本規模來說，僱用一千兩百人並不算多，但優點是它們很可能長期駐守當地。

多元的生存策略

奈及利亞的兩家鋼鐵廠商也提供了類似的對比。寶耀鋼鐵（Baoyao Steel）位於奈及利亞的東部，是一家勞力密集的冶鋼廠。由於機器十分老舊，再加上原物料是回收的汽車零組件，必須由焊工手工拆解，公司僱用了近五百位工人。我造訪當地時，又黑又深的工廠空間裡隨處可見堆積如山的廢鋼片，還有數十人穿著髒兮兮的工裝褲，戴著礦工帽，站在那些鋼片堆上，拆解鋼鐵零件，以便送進熔爐。管理者拒絕透露他們為這家工廠投資了多少資金，但該廠每年五萬噸的產能以煉鋼業的標準來說，算是位於低端[10]。

在奈及利亞的另一端，董氏家族新建的冷軋鋼廠是資本密集度極高的事業。我穿過工廠時，廠內閃閃發光的表面及自動化的機械看似來自另一個世界。董氏鋼鐵廠耗資十五億美元，每年產能可達七十萬噸[11]。這家工廠創造了五千五百個就業機會，但是以其資本支出來看，它每投資一美元所創造的就業機會，甚至比賴索托的福爾摩沙牛仔布廠還低。

我們結束這四家工廠的實地走訪後，有人可能會問：為什麼奈及利亞的成衣業已經滅絕了，我們卻能在賴索托找到成衣廠或布料紡織廠？相反地，為什麼奈及利亞有多家鋼鐵廠，賴索托卻沒半家？我們該如何理解這些事實？是什麼因素驅動哪些產品在哪裡生產？

要回答這些問題，需要仔細檢視這兩國工廠的主要分歧：大體而言，賴索托的工廠是生產出口品，奈及利亞的工廠則是服務本土的顧客。賴索托生產的產品幾乎都是出口到更發達的市場：約百分之七十運往美國，剩下的幾乎都是銷往南非[12]。在奈及利亞，儘管紡織廠一開始是把大部分的產出輸出到海外，但是到了一九九〇年代初期，它們只做內銷。從那時開始，由於它們無法與亞洲更廉價的進口品競爭，紡織廠就消失了。同樣地，奈及利亞現在的鋼鐵廠——無論是勞力密集、還是資本密集的企業——幾乎完全供應內需。某種意義上來說，賴索托的工廠必須出口才能賺到可觀的收入，因為賴索托的內需市場太小，只為國內市場生產並不划算。賴索托二〇一五年一整年的GDP是二十三億美元，比紐約市一天創造的GDP還低[13]。相較之下，奈及利亞的經濟規模龐大：二〇一五年的GDP是四八七〇億美元，是非洲最大的經濟體，也是賴索托經濟規模的兩百五十倍以上[14]。包含建築業在內的許多產業正蓬勃發展。鋼鐵業與布料及成衣不同，鋼鐵很重，運送成本很高，所以奈及利亞才會冒出許多鋼鐵廠來因應不斷攀升的需求。

但除了國內市場的規模大以外，還有基礎設施的問題。一九九〇年代，正當香港/中國的成衣業者在奈及利亞關廠時，第一批亞洲的成衣投資者看上了賴索托，原因之一是看上賴索托的地理位置接近南非卓越的基礎設施。珍妮佛・陳（Jennifer Chen）是一九八九年率先在賴索托投資的臺灣成衣商，她表示：「我們這一波投資者特別鎖定南非的幾個鄰國。當時由於種族隔離政策仍在，我們無法直接在南非投資（許多目的地市場禁止進口南非的出口品），但我們知道，只要在附近設廠，就可以善用南非優越的交通基礎設施、物流和運輸服務，以及公路網。[15]」相反地，奈及利亞的港口以貪腐著稱，可說是全球數一數二的貪腐港口，國內大部分地區的公路也普遍年久失修。世界經濟論壇公布的運輸基礎設施排名中，奈及利亞在一四四個國家中排名第一二七位，世界銀行公布的跨境貿易成本和便利度排行中，奈及利亞在一八九個國家中排名第一八二位[16]。持平而論，誠如上一章所言，奈及利亞的產品（如李氏企業的人字拖）在西非各地普遍販售，主要是透過當地小規模經銷商的努力。不過，奈及利亞的基礎設施不佳，導致那些鎖定大規模出口市場（如歐美市場）的海外投資者不太可能看上奈及利亞。

政府的政策也可以左右出口導向製造業的成敗。前面提過，奈及利亞在最糟的時間點，實施保護主義貿易政策。其紡織製造商開始遇到問題時，政府提高了貿易壁壘，無意中消除了國內企業提高競爭力的必要，同時強化了走私者的誘因。此外，政策不合時宜的另一個原因是：當時全球貿易政策正在為非洲的製造商創造新的商機。外來的問題和自身造成的問題結合起來，導致奈及利亞無法從歐盟和美國提供的貿易機會中獲益。相反地，賴索托則充分利用了這個貿易機會。首先，《洛梅協定》讓非洲和加勒比地區的歐洲前殖民地享有免關稅進入歐盟市場的優惠。接著，《多種纖維協定》（Multi Fibre Arrangement，簡稱 MFA）開始管理全球紡織品的生產，為開發中國家可銷往已開發國家的紡織品和成衣設定配額。理論上每個開發中國家都受到同樣的限制，但只有亞洲國家持續達到上限，所以亞洲成衣廠乾脆把工廠搬遷到有充足配額的地區，例如賴索托。一九九九年《洛梅協定》的有效期屆滿，二〇〇五年MFA屆滿，換成美國出面救援。二〇〇〇年，美國通過《非洲成長暨機會法案》，讓非洲發展最落後的國家享有免關稅進入美國市場的優惠，賴索托至今仍享有這些效益。

簡言之，除了勞力成本以外，許多因素決定了工廠在非洲的營運地點與方式。創業者的管理技能和資本取得途徑決定了工廠是走勞力密集模式，還是資本密集模式。市場規模、基礎設施、國家和全球貿易政策深深地影響了客戶選擇（鎖定國內或海外顧客）。這些因素對非洲經濟產生了很大的影響，尤其是創造就業機會、當地業者的進入障礙、地主國的潛在風險方面。誠如賴索托的沈太太工廠與福爾摩沙牛仔布廠的對比，以及奈及利亞的寶耀鋼鐵和董氏冷軋鋼廠的對比，勞力密集企業往往能為當地人創造大量的就業機會，但是相較於資本密集的企業，那些勞力密集的工作可能很不穩定。賴索托的工廠是供應全球客戶，受到全球需求週期的影響；奈及利亞的公司則受到本土景氣循環的影響。

中國對非洲製造業的投資若要引發工業革命的話，必須讓非洲的創業者也從工業發展的過程中分一杯羹——就像當初孫先生和陳先生為臺灣和日本公司工作時，累積了豐富的經驗，後來自己出來當老闆。我們將在第六章中深入探討為非洲培養一群工廠老闆的可能性。目前值得謹記的是，對非洲製造業的細膩理解可以影響公共政策，從而鼓勵當地人投入產業發展。低利的政府貸款雖然有幫助，但可能無法吸引賴索托的創業者毅然踏入成衣業，更重要的是，他們需要像沈太太那樣先累積工廠管理的實務經驗，也得爭取到全球採購公司和客戶的合約。相較之下，在奈及利亞，製造業中蓬勃發展的行業（例如陶瓷和鋼鐵）大多是採用資本密集的商業模式。若要吸引本土的創業者投入那些產業，則需要提供便宜的融資。加深本地人對製造業的參與，並沒有放之四海皆準的良方：非洲國家需要針對國內製造業的需求，制定不同的政策。

這些商業模式和考慮因素的多元性看似複雜，但實際上為整個產業提供了韌性。中國在非洲的投資五花八門，不同的工廠群使用迥異的生存策略，面對不同的風險。有些企業（如沈太太在賴索托的工廠）對匯率波動很敏感；有些公司（如奈及利亞的董氏鋼鐵廠）對原物料的價格很敏感；有些業者對全球客戶的需求或品味變化很敏感；還有一些業者是對國內市場的變化很敏感。衝擊無論隨機與否，都是無可避免的，有些業者能夠蓬勃發展，有些業者則集體滅絕。因此，非洲各國的製造業成長並不平均，這種現象與過往的歷史經驗相符：英國北部、美國的底特律和匹茲堡、中國的東部沿海地區，都是在該國變成世界工廠時，成為製造業的中心。這並不是說政府無法左右其製造業的發展。政府在基礎設施、金融、貿易方面的政策都非常重要，那些政策可能促進或拖累製造業的發展。不過，政府政策在每個國家的效用，因商業模式而異。公部門與私部門的每個互動，都面臨不同的風險和機遇。

對個別國家來說，這可能很危險（例如，賴索托最大的產業，因美國國會太慢延長某項貿易政策的效期，而失去半數的業者），但是對整個非洲來說，則是好事一樁。這一代的製造業者不同於以往，他們展現出多元的樣貌，因此更有可能持續營運下去，並找到新的成長方式。

第四章

冒險一搏

二〇一六年一月十八日，星期一，晚上七點左右。貝瑞・古（Barry Gu）設在賴索托的成衣廠冒出了濃煙。貝瑞的朋友見狀，連忙用手機拍了照片，透過微信傳給貝瑞。

貝瑞隨即趕到現場，也打了電話呼叫消防隊，但他知道自己不能太過樂觀。賴索托全國只有一輛消防車，通常停在機場，每天只有六班飛機進出那個機場。最後一個航班在三小時前起飛，所以當時很可能已經沒有人在機場了。

到了晚上九點左右，賴索托的貿易和投資部長約書亞・塞蒂帕（Joshua Setipa）也來到了現場。他本來去參加首相帕卡利塔・莫西西里（Pakalitha Mosisili）召開的緊急內閣會議，在會中收到了火災的消息。當時賴索托正處於一場國際危機中：賴索托唯一的鄰國南非，最近因為一起引人注目的政治暗殺事件，揚言要封閉其邊境。即便如此，塞蒂帕部長還是前來安慰貝瑞，由此可見中國對賴索托製造業的投資有多麼重要。他問候貝瑞，並為那場火災造成的損失感到抱歉，不久他又不得不趕回去開內閣會議。不過，貝瑞的其他朋友和熟識也紛紛趕來陪他了。

晚上十點，消防車終於來了，但很快就沒水可灑。不幸的是，貝瑞的工廠才剛完成一筆大訂單，成品就放在工廠內等著裝運。更糟的是，工廠前一天才剛收到一批布料。貝瑞和朋友只能眼睜睜地看著一切燒成灰燼。

翌日，貝瑞坐在由拖車改裝而成、他另一個事業的昏暗辦公室裡，試圖計算損失。他有投保，但由於火災發生時，工廠內正好塞滿了特別多的原物料和成品，保險理賠金也不足以彌補損失。他打電話給保險公司，詢問理賠需要多久的時間。對方告訴他，這取決於保單的最終擔保者賴索托央行（Central Bank of Lesotho）。貝瑞上網搜尋央行的電話號碼，但央行的網站掛點了。

在此同時，貝瑞的朋友（大多是中國商人）陸續抵達這裡。他們低聲地談論著隔壁倉庫的中國老闆一些糟糕的經營紀錄，火災就是從隔壁蔓延過來的。當時已有傳言指出，那個倉庫老闆不顧一切，想要擺脫日益沉重的債務負擔，所以乾脆自己放火燒了倉庫。大夥兒斷斷續續地低聲說著這些傳言，同時意味深長地揚起眉毛。貝瑞的朋友在八卦那些傳言時，貝瑞的兩部手機不斷地接到各方的電話。一度，他以中文隨口感謝一位來電者的關心，接著又朝另一部手機講了一串塞索托語（賴索托的國語）。過了一會兒，他以英語對著一位訪客喊道：「我今天沒空見你！」

下午，當地電台的記者前來採訪貝瑞。他站在仍冒著煙的工廠廢墟前面表示，他損失了一千萬南非幣斐鍰（折合五十九萬美元），有三百三十名工人失去了工作。最後，他懇求賴索托的民眾多注意防火安全。廣播採訪結束後，記者告訴貝瑞，稍後會有一位電視台的記者來採訪他。貝瑞因徹夜未眠，兩眼腫脹，布滿了血絲，他不禁哀求道：「別讓我重複訴說同樣的資訊了，我不想再痛苦一次。」

記者離開後，貝瑞三個大腹便便的中國朋友把貝瑞和他的女友團團圍住，立即展開實際的善後工作。他們把剩下的機械殘骸收好，以便抵補一部分的保險損失。他們討論到去哪裡找房子，讓原本住在工廠裡的兩名中國工人有地方棲身。貝瑞的女友懇求現場的人幫他們在其他的工廠找工作，那些朋友都答應幫忙聯絡合適的人。他們要求工人進入燒毀的廠房，盡可能搬走殘餘的設備。諷刺的是，那也包括六支手提式滅火器。

把所有的緊急任務都分配好了以後，貝瑞轉過身，癱軟地靠在一根柱子上。一位朋友走了過去，拍他的肩膀說：「怎麼那麼不堪一擊呢！」貝瑞抬起頭來，尷尬地走回剛剛的圈子。那群朋友開始以一種奇怪的方式鼓勵他：「怎麼那麼喪氣呢？那又不是你唯一的事業，也沒有人受傷。況且，我們之中哪一個沒遇過事業被燒毀的經驗？」貝瑞環顧四周，「是啊，我碰過」、「我也是」、「我也有」。

貝瑞微微一笑說：「我知道我會挺過來的，只是現在有點沮喪。」

在灰燼中重新站起的鬥志

一個人肯定是瘋了，才會想在非洲經營工廠。貝瑞的個案顯示出在非洲開工廠可能遇見的大大小小阻礙：缺乏正常運作的消防隊；亟需找到電話號碼時，卻很難找到；不可靠的鄰居；地緣政治動盪，再堅強的人也禁不起種種情感壓力的折磨。在非洲做生意很辛苦，風險很高，也不見得能成功。在這個時代，瘋狂到肯冒險投入非洲的唯一一群人，是像貝瑞那樣的中國人——他們在中國的工廠裡工作了好幾年，後來離鄉背井，準備好冒險一搏，自己創業。在非洲開設工廠需要像貝瑞那樣瘋狂的人才有辦法，這也是非洲工業化的機會與中國息息相關的主因之一。

貝瑞在某種程度上是瘋狂的，但另一些人——比如他的鄰居，如果傳言屬實的話——則是以另一種更糟糕的方式展現瘋狂。有些中國的創業者徇私枉法，或是刻意在非洲薄弱的監管體制中鑽漏洞，那些作為即使理論上不違法，對非洲人民、環境或社會來說也是無情的傷害。這些中國的不良分子在非洲的惡形惡狀是眾所周知的事實，但目前為止的討論僅止於個人或企業層面的惡行及引發的民怨。現在我們應該更深入去瞭解，那些行為在更廣泛的背景下所衍生的寓意：製造業的全球無情競爭。持續追求以更低的價格生產更好的產品，對抗世界另一端非常真實卻幾乎看不見的競爭對手，使人變得更加冷酷無情，這種磨練使一些人磨出了不服輸的英雄氣概，也使一些人磨出了邪惡心態。不斷追求效率的壓力很容易扭曲變成投機取巧的壓力。想在競爭中勝出，勢必要面臨種種風險——金錢上、環境上，甚至人命上。

在這個充滿風險又危險的環境中，中國創業者積極進取的幹勁可說是無人能及。他們瞭解機會所在，安然接受命運的劇烈波動。他們為了在當地生存，把應對機制也融入文化中：面對火災損失時，相互打氣的同志情誼；以逆來順受的心態接納一切厄運，視之為無可避免的考驗，甚至在灰燼冷卻以前，已經燃起東山再起的鬥志。自始至終，中國的創業者堅持到底，甚至加倍投入。他們的做法與西方對非洲的援助以及西方提出的經濟發展計畫背道而馳。西方的做法基本上是想把非洲改造成理論上或一般認為比較安全、比較好或比較正派的地方。不過，像貝瑞那樣的人，不會沉溺於那種一廂情願的想法，他們是直接對非洲的現狀放手一搏。

搶奪世界工廠寶座的競爭對手

如今，開工廠很難長期生存。這點只要問問艾倫・林（Alan Lin）就知道了，他在賴索托的馬塞盧（Maseru）經營泰源成衣廠（Taiyuan），設廠地點與貝瑞和沈太太的工廠隔城相望。我見到艾倫時，他很擔心工廠的營運。他跟我說，這種擔憂其實是老毛病了，開工廠就會有永無休止的擔憂。他才三十幾歲，但他告訴我，憂慮已經讓他老了好幾歲。他擔憂客戶、供應商、工人，不過最令他擔憂的，還是已經困擾他一年多的麻煩：越南。

「去年我去了一趟越南，參觀那裡的成衣廠。」他告訴我：「我看了一家生產 Fila 女褲的工廠，他們製作的褲子跟我們的一模一樣。」他停頓了一下，把身子前傾，以確保我聽得懂：「**完全**一樣。」一張大訂單分包給幾家工廠，艾倫的工廠正好是其一，他去越南參觀的那家工廠是另一家分包商。「在賴索托，我們用三十四道工序來製作那條褲子，每天製作六百條。」他繼續說：「在那邊，他們用二十六道工序，每天製作一千條。」

他苦笑著說：「從效率的觀點、從技術純熟度的觀點來看，那是很大的落差。一開始，對我們來說很辛苦，我們一天甚至做不出兩百條那種褲子。但是，那也沒有辦法，你必須咬緊牙關，不斷嘗試，因為產品風格不斷在變，如果你只能製作簡單的款式，那就無法生存下去。所以，我們的工人學會了。過程很痛苦，大概花了六個月的時間，但他們真的學會了，我們從每天製作兩百條褲子，變成每天製作六百條。但我去了一趟越南，看到他們製作的方式，一天一千條，我真被**嚇倒了**。[1]」

二〇一六年，賴索托的成衣業者普遍為工廠的效率感到擔憂，再加上美國貿易政策令他們憂心忡忡，更是雪上加霜。二〇一六年二月，美國與亞洲國家針對《跨太平洋夥伴協定》（TransPacific Partnership，簡稱 TPP）達成協議，降低參與國的貿易壁壘。在那之前與之後的幾個月裡，賴索托的成衣廠老闆幾乎沒有別的話題，都在談這件事。當年稍後，貿易保護主義的強烈支持者川普當選了美國總統，等於扼殺了那項協議。然而，賴索托是否適合作為製造業的基地，在一定程度上仍取決於地球另一端的貿易政策。誠如上一章所述，幾年前曾出現一場貿易政策所引發的恐慌，當時美國國會看起來似乎不會延長《非洲成長暨機會法案》的有效期，將因此中斷賴索托免稅進入美國市場的優勢。後來，美國國會確實批准了有效期的延長，但是批准之前，賴索托已經有一半的成衣業者倒閉。對成衣生產這種資產較少的製造業來說，任何大環境的改變都可能導致一些製造商搬遷到其他地區。

於是，我再次穿過馬塞盧市去訪問瑪麗娜・碧扎巴妮（Marina Bizabani），請她談談全球競爭。碧扎巴妮是賴索托國家發展協會的政府官員。國家發展協會的成立目的，是為了吸引外資前來賴索托，並讓投資者感到滿意。碧扎巴妮活力十足，能言善道。我們才坐定不久，她就大膽宣稱，「我們不擔心」

其他國家的競爭，這反而讓我覺得那正是她擔心的議題。不過，她接下來馬上說溜了嘴：「我總是對我們的會長說：『別擔心。』」所以，至少有一位賴索托的高官確實擔心這件事。儘管碧扎巴妮表面上看來不畏競爭，但國家發展協會的行動看起來是擔心的。它花了大量的時間和資源做準備，以吸引外國的製造業投資者；也運用世界銀行的資金，聘請外部顧問來找出賴索托的競爭優勢。有了這些資訊的佐證，國家發展協會積極地拉攏汽車零組件、塑膠等產業的製造商，宣傳賴索托的勞力和電力成本低於鄰國南非這樣的事實。如今賴索托的製造業主要是以成衣廠為主軸，它希望吸引其他類型的製造業前來。萬一成衣業再次陷入低迷，其他行業的支撐可望幫該國抵禦單一行業的衝擊[2]。

擔心外國企業出走，並積極吸引外國業者前來投資，並非賴索托獨有的現象。在奈及利亞，我採訪了奈及利亞投資促進委員會的主任阿莫斯・薩卡巴（Amos Y. Sakaba）。奈及利亞投資促進委員會是鼓勵海外直接投資該國的聯邦政府機構，基本上薩卡巴和碧扎巴妮地位相當。薩卡巴提到，幾年前投資促進委員會已經意識到奈及利亞不能繼續完全依賴美國和歐洲的那些傳統投資者，它需要望向東方，所以「身為一家機構，我們開始鎖定中國和亞洲的投資者」。它開始逐一前往中國的每個省分，舉辦投資論壇，用心地吸引中國的製造商。

這本書裡提到我訪問四個非洲國家的政府官員時，重點幾乎都是放在他們如何吸引及留住外國的投資者。事實上，成為下個世界工廠的競爭是一場全球性的競爭，競爭對手是一些出乎意料的國家：例如奈及利亞 vs. 烏茲別克、賴索托 vs. 越南，甚至是非洲國家之間的競爭（例如奈及利亞 vs. 衣索比亞）。這些都是真實的例子：第一章提到的磁磚業者孫先生在決定把工廠設在奈及利亞之前，他考慮過孟加拉、埃及、衣索比亞、墨西哥、沙烏地阿拉伯等地。他甚至還持有烏茲別克一家陶瓷廠的股份，所以他在奈及利亞和烏茲別克之間的資本配置決定，會對兩國的工人和政府產生影響。二〇一四年我訪問他時，他剛去了一趟伊朗，正認真考慮在當地也設立一個陶瓷廠[3]。

這也難怪，非洲的政府官員始終非常擔心這些投資者出走，以致於無暇顧及其他的事情。除非我主動提起，否則他們幾乎不提有些惡質的外國投資者可能破壞非洲的環境，搞爛非洲的制度，侵犯非洲人民的權利等擔憂。

所以，那些訪談給人留下的唯一印象是，每個人拚命在全球資本主義那片波濤洶湧的大海中奮力地游泳前進。為了生存，企業和政府一直在原地打水——前往遙遠的國家舉辦投資招商會，研究自己的競爭優勢，促使勞工學習新的技能。然而，競爭對手——越南、烏茲別克等等——不知怎的似乎比較強勁、也比較迅速，有時還會把水踢到其他對手的臉上，威脅搶走他們辛苦掙來的生意。從更大的範圍來看，可能席捲所有業者的風暴——例如全球貿易政策的改變，或者僅僅是美國消費者品味的多變難測——總是潛伏在後。

為了讓豪賭回本，好事和壞事都去做

製造業者在海外面臨如此激烈的競爭，再加上非洲的政府官員把有限的心思大多拿來擔心中國的投資者出走——這些事實助長了投機取巧的誘惑，也為業者製造了偷雞摸狗的機會。非洲有許多誠實的中國商人，但還是有一些人以不太光明正大的方式賺錢。

嚴格說起來，有時他們的做法甚至不算違法。由於非洲的監管體制薄弱，一些在其他國家（甚至中國）算是違法的作為，在非洲仍是合法的。我在奈及利亞參觀的一家鋼鐵廠所採用的商業模式，就是在這種環境下蓬勃發展的顯著實例。它的機器是來自上海一家關閉的工廠，老闆以低價收購了那家上海工廠，然後把整批資產打包送到奈及利亞。老闆之所以能以如此低廉的價格買到那些機器，是因為上海提高了產業的環保標準，導致該廠的技術過時，造成不必要的汙染。奈及利亞當時還沒有環保法規限制這類工廠，所以工廠老闆使用那套老機器在奈及利亞開業。

這種忽視奈及利亞空氣和水源清潔的做法雖然卑劣，但並不違法。此外，該公司也為原物料的採購想出一個巧妙的模式。它把奈及利亞海岸邊的舊油輪殘骸拿來重新熔煉成鋼。以該公司的所在地來看，這是一種廉價取得原物料的方式。這對奈及利亞的政府來說可能也有好處：海岸警衛隊樂見有人來處理那些已經變成海上安全隱患的油輪殘骸。所以，即使這家鋼鐵廠正在清理奈及利亞的沿海水域，它也以沒必要的髒汙作業模式，汙染了奈及利亞的空氣。這家公司本質上沒有好壞之非，它只是一心一意想盡辦法賺錢罷了。

但非洲某些中國公司肯定是違法的。有些違法的營運甚至非常明目張膽，我一到場就碰到了。

奈及利亞最大城市拉哥斯的唐人街看起來像小孩子畫的城堡。紅磚砌成的厚牆頂端呈現均勻的鋸齒狀，前牆兩邊豎立著兩座巨大的塔樓。兩面國旗——中國的紅旗和奈及利亞的綠白相間旗——在入口大拱門的上方飄揚。通往這座拱門的牆壁上，以大寫英文字母和中文寫著「奈中友好」（Nigeria-China friendship）的口號。但是，在那些字的上面，可以看到牆上掛著通電的柵欄，柵欄的前面有參差不齊的玻璃片，像牙齒一樣豎立著。

進到裡面，彷彿孩子在城堡圖上貼了商店街的停車場和戶外市場的圖片。停車場上方掛著幾排彎彎曲曲的大紅燈籠，燈籠下方整齊地停放著汽車。停車場的四周是兩層樓高的小商店，販售著琳琅滿目的廉價消費品——成衣、化妝品、廚具、兒童玩具的攤位一攤接著一攤。

我是來這裡採訪一位未曾謀面的中國大商人，但我比預定的時間稍微早到了，所以我去逛了一下蕾絲店，消磨時間，那裡有桃色、米色、湖綠色、淺藍色的蕾絲。店裡那位無精打采的奈及利亞女店員完全沒理我，突然間，兩棟樓之間的巷口傳來一個中國人的粗啞聲音：「啊，太好了，妳來了！」

這時冒出一個中年男子，熱切地招呼我過去，沒有先打招呼，也沒有寒暄。

「妳會說英語嗎？」他以中文問道。

「當然會。」我以中文回答：「我在美國長大的。」

「很好，很好。」他一邊說著，一邊帶我進入一間沒有窗戶、煙霧瀰漫的昏暗房間。兩個中國人和一個奈及利亞人坐在一套沙發上，面面相覷。「妳能不能幫他們翻譯一下？」我來訪談的那位中國商人如此問道，「我待會兒就回來。」我還沒來得及回答，他已經匆匆忙忙地走出房間。

其中一個中國人對我上下打量了一番，接著以中文問道：「妳能不能問問他，進口一個四十呎長貨櫃的牛仔褲到奈及利亞要多少錢？」

我知道奈及利亞的中國人不太習慣打招呼，但我也不管那麼多了，為了等一下的訪談，我就順著他們的意思把問題翻譯成英語，問那個奈及利亞人。

那個奈及利亞人以英語解釋：「牛仔褲是違禁品，所以進口一貨櫃是五百五十萬奈拉（約合三萬三千美元）。」

我把他的話譯成中文給那兩個中國人聽，他們聽到價格如此高昂時，都嚇了一跳，還叫我再次確認。我再次確認後，開價還是一樣。那個奈及利亞人再次強調，進口牛仔褲是違法的。後來那兩個人並未談成交易就離開了，他們對於走私的價碼如此高昂，似乎仍覺得難以置信。

我來採訪的對象終於回來接受我的訪問了。他沒提起我剛剛目睹的情況，我也知道最好別問。這些年來，有些非洲人接受我的訪問時提到，他們對中國企業在非洲的囂張行徑感到憤怒。我覺得剛剛那個腐敗的實例讓我更加同情那些非洲人。一位知名的奈及利亞商人告訴我：「中國人教會了我們這些奈及利亞人什麼叫腐敗！他們走進政府部門，扔下好幾疊的鈔票說：『這點錢只是想給你買瓶可樂。』[4]」連奈及利亞的人都這麼說，更何況奈及利亞在國際透明組織（Transparency International）公布的清廉印象指數中，在全部一六八個國家中排名第一三六位，可見說到貪腐的程度，要讓奈及利亞人如此驚嘆並不容易[5]。

採訪這位中國商人時，我問到奈及利亞人對中國企業的態度，但他只籠統地提到中國企業如何協助奈及利亞發展，以及「奈中友好」等議題。最後，我們轉而談論他自己在奈及利亞經商的始末：他創立過幾個事業，幫助許多人在奈及利亞投資。起初，我以為他所謂的「幫助」，可能只是我剛剛目睹那種可疑活動的委婉說法，但我繼續聽下去以後，發現他的故事其實挺豐富的。身為奈及利亞的早期私人投資者，他藉由幫助其他的中國人在該國站穩根基，已經培養出不錯的聲譽和事業。他解釋：「我為中國商人提供一個瞭解奈及利亞的平台。」他在機場迎接那些首度造訪奈及利亞的潛在投資者，幫他們找到棲身之地，甚至自己當東道主來款待他們，帶他們去市場、購物中心和其他商業中心看看當地買賣什麼，並向他們簡單介紹在該國做生意的基本狀況——亦即為中國工廠的老闆提供個人化的奈及利亞入門指南。他也充當投資顧問，幫客人集思廣益，精進創業想法，把事業做起來。他聲稱他培育的一些公司已經發展有成，包括一家在當地開創家用和辦公用「水罐」事業的企業。那門生意以前在奈及利亞並不存在，現在那家公司在當地僱用了數千人。

坦白說，走私者也是一種非常成功的創投業者[6]。套用時髦的科技術語，他甚至可以宣稱他是在開「新創企業的育才中心」。他是根據自己所處的環境，做那個環境允許他做的事情：他走私貨物，是因為政府官員可以被賄賂買通，但他也會腦力激盪出一些有創意的商業點子，以便用更好的方式服務這個充滿活力的迷人市場。在不為他的非法交易辯解之下，我們可以開始明白為什麼有些非洲的中國商人會訴諸貪腐或行賄的手段。他們在異鄉押下了那麼多的賭注——不僅押下金錢，也賭上好幾年的歲月，在這個陌生又不太舒適的地方生活。他們不顧一切想要回本，希望苦盡甘來，所以出現投機取巧的機會時，他們很自然就受到誘惑。我們也許希望他們更正派一點，但他們其實不是因為道德淪喪，而是因為沒考慮到道德因素。他們為了讓自己的豪賭能夠回本，無論好事和壞事都會去做。

弗雷德里克死亡的真相

儘管奈及利亞的中國走私者可能明目張膽，厚顏無恥，有人可能會辯稱那種腐敗在某種意義上是一種沒有受害者的犯罪。然而，並非所有的違法行為都是如此。有些違法行為確實有明顯的受害者，而且受害者還有名有姓，他只是很倒楣遇上了悲劇。

肯尼士・弗雷德里克（Kenneth Frederick）就是其一。二〇一三年，我到奈及利亞研究當地的中國業者經商方式時，聽到最近有一名奈及利亞工人在中國工廠內不幸喪生。我翻閱報紙，但報導中只約略描述事件的概況。弗雷德里克先生是在一家港商經營的塑膠袋製造廠裡工作，工作時不幸觸電身亡。除了這簡短的描述外，他的死因眾說紛紜。

為了更深入瞭解發生了什麼事，我去拜訪了民主與勞工權益運動（Campaign for Democratic and Workers' Rights）的奇內杜・博薩（Chinedu Bosah）。民主與勞工權益運動是個倡議組織，它們與那家塑膠袋廠的員工合作，幫忙籌劃了罷工，以抗議弗雷德里克的罹難。博薩的說法很明確：弗雷德里克先生的死亡是因為工廠缺乏安全設備，缺乏安全培訓，以及整體工作環境充滿危險所致，公司應該為此負責。博薩指出，中國人在奈及利亞開設的工廠，常達不到奈及利亞法律規定的安全標準及其他的勞工標準。「你不能提出問題，不能打電話，你每天站十二個小時，不能彼此交談，甚至不能自言自語。」博薩說：「工人幾乎跟奴隸沒什麼兩樣。[7]」

不過，當我追問哪些公司的作為或不作為直接導致弗雷德里克的死亡時，博薩坦承他不知道。他從來沒進過工廠，沒有設法和公司的任何經理談過那件事，也沒談過這起事件或一般的安全問題。這並不奇怪：我常聽中國的管理者說，他們不習慣跟媒體及工會打交道（這兩類組織在中國的表現比較收斂），尤其排斥英語訪談或英語會議，因為他們覺得講英語很容易遭到誤解。

我在拉哥斯的華人社群裡四處打聽，設法聯繫到一位資深經理，這裡姑且稱他為S先生。他負責監督弗雷德里克遇害的那家塑膠袋工廠。我沒有提到弗雷德里克先生，只說我想參觀那家工廠（這是真的，那次訪問行程中，我造訪了十多家中國公司），他同意帶我參觀。在工廠裡，五百多位工人正忙著把製造塑膠袋的原料送進機器中，為客戶把製好的塑膠袋打包成套，以及做各種廠內的其他工作。工人們穿著制服，但是在搬運熱燙的塑膠袋時沒戴手套。儘管牆上都有穿上安全靴的重要標誌，但多數人還是穿著人字拖。

午餐時，在談話的空檔，我小心翼翼地提到工人安全的議題。我問了工廠的安全標準，包括安全靴的標識和我剛才看到那些拖鞋之間的落差。S先生說，公司每年都會發放兩雙安全靴給每位工人，但很多工人拒穿，甚至還把安全靴拿出工廠賣掉。

我進一步追問，並提起弗雷德里克先生的死亡事件。S先生深深嘆了一口氣，解釋弗雷德里克先生就是因為自己不顧公司的安全指示才會罹難。他說，即便如此，公司還是支付了弗雷德里克先生的葬禮及其他費用。負責工廠的中國管理者因為不習慣以英文對媒體說明，而未能公開那件憾事的真實狀況，把自己關在工廠內，S先生對此也覺得很遺憾。

據我所知，我是唯一針對弗雷德里克先生的死亡爭議，跟雙方都談過話的人。事實上，當我告訴博薩先生我去參觀那家塑膠袋工廠時，他很驚訝S先生竟然會跟我說話。博薩本人早就放棄找管理高層溝通了。媒體也只報導那個事件的單一面向，因為中國工廠的管理者拒絕發表公開聲明。而且，據博薩先生和S先生所知，當地的政府官員也沒有深入調查那件事[8]。

這是一場結構性的悲劇，導致弗雷德里克先生那樣的個人悲劇。工業化需要塑膠袋製造廠那樣的工廠，但那種工廠的主要考量是獲利。最需要那些工廠來促進經濟發展的國家，往往擁有最少的資源來調查及防止那種悲劇，而且有限的資源往往是用來吸引更多的投資者，而不是用來謹慎管理已在當地落腳的投資者。因此，我們可能永遠不會知道弗雷德里克先生的死因。我們唯一可以確定的是，隨著非洲的工業化發展，像弗雷德里克斯先生那樣的人會愈來愈多。

要有成效，須先摧毀

把這些因素全部加在一起——全球競爭的壓力和擔憂、薄弱的監管和執法能力——結果衍生出一種一觸即發的狀態，對非洲人的健康和福祉構成了嚴重的威脅。全球競爭導致各國想給予外國投資者更多的投資誘因——目前最熱門的做法，是為了吸引企業進駐經濟特區，而提供一段稅收免除期——而且萬一發生勞工傷害或環保事件時，他們也可能不太關注。這可能引發「逐底效應」，也就是說，隨著每家新工廠的設立，勞力和環保標準將會逐漸降低，地主國的收益將會愈來愈少。吸引及留住外國投資者，需要政府官員投入大量的時間，搶占了其他重要任務的稀缺人力資源，例如調查令人不安的事件，或設計更精明的規章制度以防止類似的事件再度發生。在缺乏適當的法規及無力監管下，這些國家可能最後會吸引到一些道德淪喪或不環保的投資者。前面提過，製造業者投入有風險、甚至危險的事業時，他們的生活處處承受著極大的壓力，導致有些業者為了成功，不惜鋌而走險。

在這種局勢緊繃且資源稀缺的環境中，如何防止猖獗的腐敗、過度的汙染，以及弗雷德里克那樣的死亡事件？西方開發界的傳統答案，是投資於開發中國家的治理專案：為政府官員提供訓練，建立監督及問責制度，甚至聘請外部顧問進駐開發中國家的官僚體系，目標是使那些官僚機構能像已開發國家的官僚機構那樣運作。那些專案的立意良善，有些專案無疑使一些工人避免了弗雷德里克那樣的命運。然而，整體來說，那些專案並沒有效果。一份評估開發中國家透明度及問責專案成果的「綜合報告」指出：「儘管開發中國家的透明度和問責專案成長迅速，也獲得愈來愈多捐助者的支持，但很少人關注這些透明度和問責專案的影響和效果。[9]」那篇文章的措辭圓滑，無疑是因為那個研究是由一些頂級的西方捐助者資助的，包括國際發展部（英國的國際援助機構）、福特基金會、奧米迪亞網路（Omidyar Network）。另一種比較沒那麼委婉的說法是，捐助者持續資助那些專案，卻不在乎那些專案是否真的有效。所以，那些專案有效嗎？該篇綜合研究的作者檢視了那個領域的前七十五項研究結果後，唯一能支持那些專案的說法是：「儘管證據有限且不均，但仍有一些初步證據顯示出效果[10]」。換言之，講白了就是：看來似乎有點成效，但其實沒有。

過去的教訓顯示，未來還有另一條路可走，只是比較痛苦。已開發國家的經驗顯示，與其抑制工業化以防過度氾濫，其實那些導致氾濫的工業化，最終反而會激發政治和社會壓力，要求政府做出管制及改革。美國勞工保護法的歷史充分說明了這點。可怕的工業事故發生後，促使大眾要求改革，才終於頒布基本的安全法規。一九一一年，紐約三角內衣工廠（Triangle Shirtwaist Factory）發生火災，一位毫無同情心的工頭把年輕的女工鎖在工廠裡，以防工人趁換班時溜出去休息抽菸，結果導致一百四十六名女工命喪火場，釀成紐約市有史以來最嚴重的工傷事故。這起悲劇也是二〇〇一年九一一恐怖攻擊事件發生以前，該市遇到最致命的建築火災。儘管火災發生的前一年，該廠已有許多女工一直要求改善工作環境，但直到火災發生後，三十六項規範工作場所安全條件的州法案才通過立法並施行[11]。同樣地，一九四〇年發生了六起慘烈的礦坑爆炸事件後，美國政府才終於啟動礦場檢查[12]。問題的關鍵，不在於這些事故的發生某種程度上是必要的，也不在於我們不該朝著改善工作條件及改善事故預防的機制更努力，而在於歷史顯示，有效的監管總是在工業化全面展開**之後**、而不是之前出現的。

這是一個很難的思維。即使假設非洲國家將比以前的工業化國家更認真地保護工人，工業化基本上勢必會有人喪命，而且有些人是以可怕的方式命喪黃泉。我們可能會希望非洲放棄工業化的道路，因為每個人的生命都很寶貴，人命價值遠非商業成就及GDP成長的價值所能比擬。但我不得不說，那恐怕是已開發國家的浪漫想法，因為鋼鐵鏗鏘作響、機械零件醜陋不堪、工業化初期的血腥印象，對我們來說都已經是遙遠的過去式。對於那些正經歷著這一切並付出最終代價的人來說，繼續前進並在摧毀的廢墟上建造更多的工廠顯然是必要的。這也是為什麼非洲的最佳發展機會，既不存在於西方的發展專案，也不在於那些刻意粉飾的中國政府作為。非洲的未來和那些粗暴、醜陋的中國工廠老闆息息相關，因為這些人被擊倒後，還會再站起來繼續奮鬥。

承擔風險，也得承擔死亡

火災發生的第二天，貝瑞的朋友給他打氣、叫他振作起來後，他們一夥人解散了，我跟著其中一人離開。吳先生是個禿頭的中年男子，圓潤的臉頰閃閃發光。他穿著短褲和藍色T恤，T恤上印著海軍藍的小花圖案，胸前那個「Durability & Strength」的標語上方，印著大大的Uzzi標識。我們交談時，他那嘶啞的聲音洋溢著活力，搭配著生動的手勢。他的小指和無名指都留著一吋長的指甲——這是老闆的象徵，老闆的工作讓他們有時間精心修剪長指甲，不像那些實際動手做的勞工，需要剪短指甲。

後來我得知，吳先生之所以可以正眼看著貝瑞，叫他振作起來，是因為他對那種倒楣事件並不陌生，而且他在經歷那種可能讓人消沉多年或甚至一輩子的意外後，依然東山再起。一九九八年六月，他來到賴索托，以四萬六千美元的積蓄開了一家店，販售鞋子、鋁罐和其他消費品。那年九月，他的商店就燒毀了，他重新開業，最後把商店拓展成一家成功的超市。但幾年後，災難再次降臨，他的超市被搶，父親甚至在混亂中遭到槍擊身亡。他鼓吹弟弟從中國搬過來幫他經營生意，但幾年後他的弟弟在一次瓦斯爆炸中喪生。經歷了這一切災難，吳先生依然勇往直前，持續經營超市，現在還擁有兩家工廠。

undertaker（殯葬承辦人）這個字的原意是指企業主，這樣的字義發展也許並非偶然。十五世紀時，undertaker 這個字的意思是承包者，或是承擔任務的人。直到後來，這個字才跟殯葬的承辦人產生關連。在現代的德語中，unternehmer（亦即「undertaker」）仍是指「創業者」。這提醒我們，創業根本上仍是在承擔困難的任務，需要承擔風險，有時也需要承擔死亡。

在賴索托，朋友的工廠經過祝融肆虐後尚未冷卻，但吳先生已經向前挺進。他說：「我的血──家人的血──在這個國家裡。」他以堅定的目光看著我說：「你在哪裡被擊倒，就要在哪裡站起來。[13]」

第二部

種種可能

第五章

上工

阿赫梅・易卜拉欣（Ahmed Ibrahim）個頭很高，皮膚黝黑。他帶我四處參觀紙箱廠時，優雅地在廠內穿梭，我很快就看出他對於紙板的製作瞭若指掌。他知道紙漿供應商，知道如何卸載原料，知道每台機器的操作，知道最新的客戶訂單，知道如何修復一批有膠印的印量，也認識每個員工。他的老闆是這家工廠的中國業主，但大家都知道阿赫梅才是真正管事的人。

阿赫梅從基層開始做起，出生於奈及利亞最貧窮的索科托州（Sokoto）。中學畢業後，他跟許多奈及利亞青年一樣，找不到好工作，只能靠打零工過活。他從小在尼日邊境成長，所以會講法語，也為自己找到了一個利基：幫奈及利亞人到鄰近的貝南共和國（Benin），向講法語的黎巴嫩裔汽車經銷商買車，因為貝南的汽車進口稅低很多。這是不穩定的工作，但挺特別的。二〇〇九年，阿赫梅接到一個中國人打來的電話，他曾在街上遇過那個中國人。那個人說，他有個朋友王先生剛從中國來到奈及利亞，想在奈及利亞創業。阿赫梅答應為王先生工作，起初是擔任他的司機，但很快就變成幫王先生處理當地事務的萬事通。

阿赫梅的職涯發展關鍵，是發生在王先生想幫成立不久的公司添購汽車的時候。王先生想學奈及利亞人那樣，迴避奈及利亞的高昂進口稅，經由貝南買車。這件事肯定只能靠阿赫梅來打理，因為王先生不懂法語，買車需要跟黎巴嫩裔的汽車經銷商協議，需要講法語。但是這樣一大筆錢，可以託付給阿赫梅嗎？王先生底下的幾位中國經理都覺得不妥。最後，王先生和阿赫梅對看了一眼，瞬間打定了主意，毅然把買新車的全部現金交到阿赫梅的手裡。阿赫梅動身前往貝南時，王先生的中國員工都難以置信地搖搖頭，認定他們這輩子再也看不到阿赫梅和那筆錢了。

沒想到，兩三週後，阿赫梅開著新車回來了，還帶了剩餘的零錢。不過，他滿懷歉意，因為他發現一雙「美到難以抗拒的鞋子」，所以他用買車剩下的部分零錢買了一雙。當中國員工還為了阿赫梅的歸來震驚不已時，阿赫梅滔滔不絕地說，他覺得自己在未經許可下動用老闆的錢買鞋，內心十分愧疚。他請老闆務必從他的下次薪水中扣除那筆錢。不用說，王先生一點也不在乎那雙鞋，從那天起，阿赫梅就成了王先生的得力心腹[1]。

久而久之，大家對阿赫梅的忠誠和職業道德深信不疑，也因此在工廠中賦予他愈來愈多的重任。不久，他開始負責公司的日常營運。王先生實在太欣賞他了，有一天還主動送他一盒名片，上面寫著阿赫梅是「經理」。那個頭銜使擁有相同頭銜的中國人覺得很沒面子，阿赫梅為了息事寧人，也知道他已經掌握實權，不需要頭銜，便悄悄停用那套名片。

在紙箱廠工作無疑轉變了阿赫梅的人生。在他的部落裡，男人需要有一定的財富才能結婚。在紙箱廠工作以前，阿赫梅只能打光棍，別無選擇。現在，他不止有一個妻子，而是兩個（他的部落接受一夫多妻制），在部落中落實了有錢人的地位。他在工廠中掌握了類似廠長的權力後，也把弟弟伊希梅爾（Ishmael）帶進這一行。伊希梅爾很快就掌握了訣竅，當阿赫梅必須幫王先生處理其他的事務時，伊希梅爾已經可以獨立掌管工廠。我們一起在紙箱廠穿梭時，阿赫梅不時以豪薩語（Hausa）和工人交談。豪薩語是奈及利亞北部的語言，在工廠所在的奈及利亞中部不常講這種話。後來我得知，他們之所以講豪薩語，是因為工人不是來自工廠的周邊地區，阿赫梅把他的部落族人都找來這裡工作了。

在非洲成為下個世界工廠的種種可能途徑中，這也許是最誘人的可能：為長久以來未能就業、但日益成長的人口，提供充分就業的機會。以這個例子來說，我們希望工廠不僅為阿赫梅那種罕見的優秀人才提供工作，也為整個部落提供工作。然而，我們後面會看到，這種可能性充滿了變數，即使對一些最貼近轉變的人來說也是如此。非洲各地的中國老闆都在抱怨非洲工人，連那些從小在工廠裡苦過來、終於熬成老闆的人，往往也忘了一般人要適應工廠的工作有多麼困難。而且，工業社會和後工業社會的人（包括我們自己在內）很容易忘記，有人去工廠工作時，會帶給社會多深刻的轉變。歷史顯示，工業化徹底改變了它所觸及的每個社會，非洲也不例外，它正感受到工業化降臨的第一波動盪。對非洲大陸來說，大規模就業不僅涉及經濟，也涉及社會和政治變革，那些變革將會重新塑造社會的基礎。

製造業帶來的正式就業機會，打開了種種可能性

不過，首先，我們來看一下就業面涉及的範圍。非洲的普遍觀感及非洲媒體的普遍看法是，中國企業不僱用非洲人，許多人懷疑那是因為種族主義作祟。甚至還有一種毫無根據、但揮之不去的傳言指出，有些中國企業是從

中國引進囚犯，不僱用非洲當地人[2]。我最近參與領導的麥肯錫研究，蒐集了有史以來最大的資料集來破解這個問題。那些資料顯示，非洲的中國公司絕大多數是僱用當地人。在取樣多達上千家中國企業的樣本中，那些企業總共僱用了三十幾萬名員工，其中有百分之八十九是非洲人[3]。在製造業裡，這個比例更高，非洲人占百分之九十五。此外，之前的研究顯示，中國企業在非洲的營運時間愈長，僱用當地人的比例愈高[4]。這顯示阿赫梅的經歷可能是一種更普遍的現象：隨著中國老闆逐漸瞭解當地人，他們也會託付更多的責任給當地人。

對非洲來說，未來十年，更多的工廠（因此包括就業機會）很可能是來自於中國人的投資。人口因素、能源成本上升、競爭加劇等等，已經侵蝕了中國本土工廠的利潤，逼老闆遷廠到海外。一胎化政策執行了一個世代後，縮小了中國的勞力資源，導致中國沿海的製造中心出現人力短缺。近年來，中國的勞力成本急劇上升：二〇〇一年以來，製造業的時薪每年成長百分之十二[5]。二〇一二年十月舉行的中國共產黨第十八次全國代表大會上，中國政府設定了二〇二〇年人均收入變兩倍的目標，這幾乎確定了未來工資將持續上漲[6]。儘管中國製造業工人的生產力大幅提高，二〇〇四年到二〇一四年生產力調整後的工資成長了近三倍。此外，能源價格也上漲了：同期間，電力價格上漲了百分之六十六，天然氣價格上漲了一倍多。由此可見，不久的將來，更多的中國工廠將別無選擇，只能遷往海外。中國家電品牌科電（Skyrun）在奈及利亞設有組裝廠，總經理吳先生告訴我：「我們遲早會把工廠遷出中國。全球製造業基地的發展趨勢就是移動，一開始是位於西方，然後轉到東亞，現在正往其他的國家移動。[8]」

顯然，這牽涉到大量的工作。如果非洲接下中國的棒子，成為下一座世界工廠，那可以完全消除非洲大陸上的失業現象。世界銀行的前首席經濟學家林毅夫表示：「中國一直是『跟隨的飛雁』，即將從低技能製造業的崗位畢業，晉升為『龍頭』。這將釋出近一億個勞力密集的製造業工作，足以讓低收入國家的製造業就業率增加一倍以上。[9]」長遠來看，一九七八年美國製造業的就業率達到頂峰時，僅兩千萬美國人在工廠工作[10]。現在有一億個工作（兩千萬的五倍）即將從單一國家釋出：中國。

這一大群從中國湧現的就業機會，正好符合非洲目前的人口狀況。阿赫梅和弟弟伊希梅爾就是非洲一般大眾的代表：年輕、就業不足。撒哈拉以南非洲地區有百分之三十的人口屬於十到二十四歲的年齡層，即使出生率下降，如今那麼多處於或接近生育年齡的人口，也會讓這個人口成長動態延續好幾個世代[11]。由於出生率很高（其實非洲是全球出生率最高的地區），非洲即將達到前所未有的人口爆炸狀態。聯合國預測，撒哈拉以南非洲地區的人口將從二〇一五年的十億左右，到二〇五〇年增加一倍，達到二十億以上[12]。光是奈及利亞這個國家，一九六〇年獨立時，人口僅四千五百萬，到了二〇五〇年，人口將逼近四億，超越美國的人口[13]。

阿赫梅在遇到王先生以前，很難找到穩定的工作。遺憾的是，這種經歷在現今的非洲非常普遍。非洲國家的失業率常高居全球排名的前幾名[14]。在奈及利亞，官方公布的資料是百分之十二．一，但政府也承認有百分之十九．一的工作年齡人口並未充分就業，只能打零工或大材小用[15]，而且年輕人的狀況更嚴重：未充分就業的比例高達百分之四二．二[16]。此外，整個非洲大陸裡，百分之七七．四幸運有工作的人，其實是做國際勞工組織所謂的「脆弱工作」——缺乏正式的工作安排，可能也缺乏像樣的工作環境和工作保障[17]。世界銀行的資料顯示，如今非洲新增的就業機會中，有百分之九十是出現在「非正式」部門，那種工作恰恰導致了工作的脆弱性，而不是通向中產階級的穩定道路[18]。再加上人口膨脹將使非洲的工作年齡人口翻倍，不難看出，非洲大陸正亟需工廠創造出來的「正式就業機會」。

為什麼這些工作對非洲人幫助特別大呢？因為製造業的工作不同於其他工作，對非洲來說，它們比其他類型的工作更重要。製造業在所謂的「貿易部門」中（相對於非貿易部門，亦即多數的本土服務，例如餐館、商店、建築，甚至是醫生和律師之類的高薪專業人士）占相當大的比例。這種區別很重要：貿易部門往往生產力較高，而且會隨著時間推移，生產力愈來愈高，因為其產出必須在全球競爭，但本地服務業則不然。經濟學家知道，長遠來看，提高生活水準的唯一途徑是提高生產力。更重要的是，製造業也會帶動其他工作的需求：每創造一個製造業的工作，就有一．六個服務業的工作隨之而來[19]。在歐巴馬政府中負責製造業政策的資深顧問羅恩·布魯姆（Ron Bloom）指出：「你找來一家汽車組裝廠，沃爾瑪也會跟著進來。但你找沃爾瑪進來，汽車組裝廠不會跟著來。[20]」對非洲來說，農業或服務業創造的就業機會還可以，但他們真正需要的是製造業創造的就業機會。

此外，製造業除了帶來的工作數量很大以外，其工作類型也很誘人。阿赫梅和弟弟都沒上過大學，也沒讀過技職或技術學校。他們在中小學接受的正規教育是位於貧國最貧窮的州裡，而且那個教育體系長期資金不足。然而，這還不是非洲最慘的狀況：布魯金斯學會的資料顯示，全球沒上小學的兒童大多是非洲人。此外，非洲兒童上學時，也沒學到什麼：三分之一以上的學童並未獲得識字和計算的基本技能[21]。不意外的是，這些學校的教育成果也很可怕：非洲的文盲率高居世界之冠[22]。非洲開發銀行的資料顯示，從這些學校畢業的半數學生缺乏技能；而且，有鑑於這些學校體系在預算和人力資源方面都承受著壓力，這種情況也不太可能改變。

因此，想理解非洲成為下個世界工廠的潛在影響，一個方法是體認到：良好的工廠工作是非洲切實彌補不良教育體系的少數方法之一。身為曾在非洲公立學校任教的老師，寫出這句話令我感到痛苦。但阿赫梅就讀的學校辦學不佳，再加上他從來沒有機會上大學，這表示他這輩子也沒有機會成為會計師、醫生或軟體工程師。從貝南開車到奈及利亞是一種收入僅敷支出的生活方式——這種生活讓他沒有能力成家立業，即使有家庭，也難以善盡一家之主的照顧責任。在王先生的工廠裡做著穩定的好工作，則為阿赫梅打開了種種可能性：穩定的收入，固定的住家，社群中的崇高地位，為家人提供安穩的保障。

「種族歧視」背後的真正意涵

當然，阿赫梅本身就很優秀，他的故事也是比較特別的個案。畢竟，還有多少中國老闆願意像王先生那樣給其他非洲人一個機會？即使是那位讓阿赫梅從打零工變成工廠經理、從中受惠、並親眼目睹這連串轉變的王先生，也不是那麼確定栽培更多的奈及利亞人可以獲得類似的好效果。他告訴我：「當然，聰明的奈及利亞人很多，但整體來說，教育水準很……低。[24]」我聽得出來這是王先生委婉表達他覺得「阿赫梅是例外，而非常態」的說法。

同一條路上，其他工廠的中國老闆講得比較直白：「本地人很懶。」一位老闆直言，「我們解僱了很多人，尤其是上班第一個月就遭到解僱的更多。

他們上班遲到，甚至不天天來上班，卻指望我們支付薪水！[25]」他的黎巴嫩裔鄰居是鋼鐵廠的老闆，也附和他的說法：「兩個中國工人抵得上五個奈及利亞人。[26]」在非洲大陸另一端的東非，一位印裔的肯亞工廠老闆提出一套比例的等級理論：「一個印度工人的工作，需要兩個肯亞工人來做；但同樣的工作，需要四個坦尚尼亞人才能完成。[27]」

在採訪非洲各地的工廠老闆時，我常聽到類似的抱怨。事實上，這種抱怨實在太頻繁了，後來我索性停止記錄。為什麼工廠老闆即使用過績優的本地勞工，依然對他們如此不滿呢？這些態度是否危及非洲成為下一座世界工廠的機會？即使非洲確實設法吸引了更多的工廠進駐，這些人際摩擦是否會阻止那些工廠為非洲蓬勃的人口創造大量的就業機會？

為什麼工廠老闆——尤其是中國老闆——對非洲工人的評價那麼差？一個簡單的答案是：他們有種族歧視。報導非洲華人的記者已經充分說明了這點：美國記者傅好文（Howard French）曾描述「新來的華人對非洲人有種不經意的種族歧視」[28]。事實上，我聽到的某些評論讓我想起一些幼稚的校園嘲諷，那些無的放矢的惡言惡語因為毫無道理而更難以處理。例如：「奈及利亞人抱怨中國人隨地吐痰，但他們自己總是在路邊公然小便！[29]」

不過，也有跡象顯示，即使大家仍抱著這種武斷的種族區別，他們彼此之間也在調整、融合、相互習慣。某晚，在衣索比亞首都阿迪斯阿貝巴（Addis Ababa）的某家中餐館吃飯時，我點了炒飯，但衣索比亞籍的女服務生直接回我沒有炒飯[30]。我實在不相信這世界上竟然有中國餐館不賣炒飯，我說我想跟中餐館的老闆談談。由於我帶著國際友人同行，一直說英語，當我說我是中國人時，服務生很驚訝。她露出笑容驚呼：「妳是中國人！」那種驚訝的程度，彷彿我是她失散多年的妹妹。老闆走了過來，不停地道歉，並向我們保證，既然我是中國人，當然可以點炒飯。「我不讓本地人點炒飯。」他如此解釋，彷彿道理不言而喻似的。就在這個時候，一個大眼卷髮、蹣跚學步的孩子搖搖晃晃地走到那個中國男子及衣索比亞女子的身邊，拍了拍他們的大腿，原來那是他們的兒子。某種程度上，當下的情境顯得有點荒謬：不讓當地人點炒飯，卻可以跟當地人結婚生子。但另一方面，這也顯示中國人和非洲人在新的局勢下互動所衍生的各種變化。這對夫婦現在過的生活，不僅他們的父母輩難以理解，很可能連他們自己年輕時也無法理解。儘管舊習難改，但前衛得驚人的態度正在形成。想到這對經營餐館的夫妻在那種前衛的生活方式中，必須應付種種全新的想法和感受，這樣就不難理解他們為何至今仍未更新店內的炒飯政策了。

事實上，大家常誤以為只是單純的「種族歧視」狀況，背後的原因往往更加複雜。中國工廠老闆對非洲工人的惡評，普遍存在著一種特質。那個特質或許反映了工業化一直以來總是導致勞資關係的緊繃，而不是反映出種族間的蔑視。例如，一八二一年，工業革命的高峰期，一位英國作家以驚恐的筆觸描述英國的勞工：「我們常看到他們只是在消磨時間……縱情於空虛和懶散……對路人做出無禮的舉動或談笑粗鄙。[31]」**空虛**、**懶散**、**粗鄙**……這些確實是令人注目的字眼，但根本的感受和如今我們在非洲聽到的觀感一樣，差別只在於那段描述未涉及任何種族差異，因為都是在講白人。事實上，其他受過良好教育的英國評論家也對工人的懶散感到不安，那些工人整天無所事事地打發時間，「手織機緩緩地運作，彷彿吟誦著：『時間多得很，時間多得很』」，很少人抵擋得住「早上多躺一小時再起床的誘惑」[32]。顯然，英國的工人不僅工作時懶散，也可能整天不上工，週一不上工的情況更是常見。卓越的勞工史學家湯普森（E. P. Thompson）指出：「很少行業不推崇『聖週一』（意指週一曠職），舉凡鞋匠、裁縫、礦工、印刷工、陶工、織工、襪工、刀工，所有的倫敦佬都是如此。儘管拿破崙戰爭期間倫敦的許多行業皆達到充分就業，一位當代的人抱怨：『我們看到這個偉大城市的居民都很虔誠地過『聖週一』……一般還會緊接著過『聖週二』。[33]』

但是，隨著英國工人率先明白如何全體仿效機器的節奏後，英國工業化這段歧視工人的時期很快就結束了。他們一開始模仿機器後，就成了歐洲其他地方的實業家欣羨的目標。如今德國工廠的工人可說是工業精準及紀律的象徵，但許多學者明確地指出，過去有段時間，採用德國工人在工廠工作的「難度很高」。他們描述德國的工廠老闆「既羨慕又嫉妒地看著英倫海峽對岸的英國工業勞工。[34]」我們把時間快轉到一個世紀後，來到中國工業化的初期，同樣的抱怨比比皆是。一九九一年，就在我第一次搭上汽車的時候，《華爾街日報》（*Wall Street Journal*）報導：「中國人缺乏工作紀律……多數的中國員工每天上班八個小時，但有多達一半的時間是在打混摸魚。[35]」

以上種種敘述想要凸顯的重點是，打從工業化的初期開始，工廠老闆就一直抱怨廠內的工人，如今在非洲設廠的中國老闆也不例外，那是因為他們已經習慣管理祖國的工人。他們到了新的國家後，體會到外國工人的生產力較低，因此以「種族不同」來解釋這個差異。但事實上，新國家的工人之所以生產力較低，只是因為他們的工業化程度不像祖國的工人那麼深罷了。烏克蘭裔的亞歷山大・格申克龍（Alexander Gerschenkron）是研究歐洲工業化的卓越專家，他指出：「儘管大家說落後國家的廉價勞力是工業化進程的一大助力，這裡需要考慮的一大事實是，工業化的勞力在落後國家並不豐富，而且極其稀少。這裡所謂的工業化勞力，是指已經切斷它與土地之間的聯繫，適合在工廠中使用的穩定、可靠、有紀律的群體。創造一群名符其實的工業化勞力，是最困難又漫長的過程。[36]」歷史給我們的啟示是，工業化勞力有別於單純的廉價勞力，在非工業化的經濟體中往往很**短缺**。在工業化的最初陣痛中，工廠老闆往往對這個事實抱怨連連。

在非洲，某些中國老闆無疑有種族歧視，但前面那些出奇相似的歷史比較顯示，他們對非洲工人的輕蔑評論其實反映了更多的意涵。在許多社會裡，工廠是不同階級和文化第一次接觸的地方，而且他們相互接觸時，又是身處在殘酷的全球競爭環境中，必須做很辛苦的工作。工廠也是工人不斷地面臨新規範的地方，而且他們在工廠裡第一次被拿來跟機器比較，而不是跟真人比較。那些評論所挾帶的輕蔑感，其實反映出工業化的艱難本質——人類在這個深遠轉變中的奮力掙扎。

這種奮力掙扎的本質是什麼？它有一個特徵非常顯而易見，以至於我們往往忽略了：在生產線上工作其實是一種掙扎，那真的很難。這個年代，當美國人為了底特律的沒落而慨嘆，政客痛批貿易協定可能把製造業的就業機會推向海外時，大家很容易對工廠的工作產生不切實際的幻想。儘管典型的工廠工作（在裝配線上重複著同樣的動作）不需要高學歷，但那不表示工廠的工作就很**容易**。每個人的動力不一樣，大腦不時會神遊放空，要求人體符合僵化的機械節奏其實是一種令人擔憂的流程。工廠裡的工作需要熟練的手工、絕對的紀律、強大的耐力。記者張彤禾（Leslie Chang）在《工廠女孩》（*Factory Girl*）一書中描述工廠生活，其中一位受訪的工人常反覆說著一句口頭禪：「做什麼都不像做普通的工人那麼辛苦。[37]」如今美國人大多已經忘了這點，但他們的父母輩和祖父母輩還記得。在那個很多美國人仍在工廠工作的年代，當時留下來的工廠景象呈現出截然不同的現實。在一九三六年的電影《摩登時代》（*Modern Times*）中，卓別林飾演一名在生產線上掙扎求生的工廠工人。他只不過暫停下來搔個癢，進度就馬上落後了。工頭對他怒吼，他頂嘴回應，又導致進度更加落後。他拚命趕上進度，豈料又飛來一隻討厭的蒼蠅，在他眼前嗡嗡飛個不停，干擾他的視線，害他的進度再次落後。他再度拚命趕上進度，但他的扳手跟著輸送帶的產品被送走，卡住了整條生產線，使生產線動彈不得。他離開生產線去休息時，肌肉仍以機器的節奏抽動著。那部影片很好笑，因為卓別林是搞笑天才。然而，就像所有的喜劇一樣，搞笑的核心總是有幾分道理。生產線是無情的，工廠工作是辛苦的。

生產線上發生的事，也會改變生產線下的生活

世界各地經歷工業化的工人之所以辛苦地掙扎，還有另一個原因：工業化以不可逆轉的方式改變了傳統社會。我們稱這些轉變為工業**革命**並非偶然，生產線上發生的事情，也會改變生產線下生活的方方面面。

一個典型的例子是截然不同的時間概念。工業化以前的社會是看日升日落、四季輪轉來決定生活步調。大家是任務導向：只要完成必要的工作，不必在精確的時間點累積大量的庫存。但工廠是按照時鐘運作的，精確是關鍵。凡事以時鐘為準，意味著遲到一分鐘就算遲到了，那也可能導致你遭到革職。湯普森寫道，十八世紀的英國，任何地方只要出現工廠勞資雙方就會爆發衝突，因為工人抗議自己遭到時鐘的奴役。此外，除了勞資衝突以外，勞資雙方也持續惡言相向：儘管工人覺得自己受到僵固時間的束縛，老闆對於他們連「準時上工」這麼簡單的事情都做不到，依然感到憤怒。湯普森寫道：「轉型的壓力是落在整個文化上：抗拒改變及同意改變是源自於整個文化。這個文化涵蓋了權力體系、財產關係、宗教制度等等。[38]」就這方面來說，中國製造商對工人的抱怨，聽起來像是工業化本身發出的怒吼所產生的回聲。整個社會從一種隨著日升日落作息的方式，被拖向一種按時鐘和日曆運轉的方式。

十八世紀的英國工人面對這種生活方式的徹底改變，覺得難以適應，如今的非洲工人也是如此。遵守工廠的要求，需要以一種截然不同的方式來管理自己的生活。隨著全球競爭加劇，如今非洲發生的變革速度甚至比以前還快，也更加無情。

恩波・安嘉莎・卡諾諾（Mpho Agatha Kanono）三十五歲，臉頰光潤，笑容親切，她來自賴索托的農村。二十一歲時，產子不久，她就到一家成衣廠工作。兩年後，她遭到不公平的解僱，於是她搬遷到賴索托的另一端，在另一家工廠工作。總計，她在成衣廠工作了十年，老闆大多是中國人。

長久以來，大家常抱怨工廠占用工人的時間，把工人的時間當成公司的時間。她說，有一次她在工廠裡連續工作二十四小時以上。「某天，我聽到答打聲。」恩波以拳頭撞擊手掌，發出啪！啪！啪！的聲響。她以嚴肅的聲調繼續講述那個故事：「我們廠長是中國人，他正在打我的主管，主管也是中國人。正因為如此，我們不得不加班。我們從早上七點開始做，晚上也待在工廠，隔天中午十二點才出去吃飯。」

我問她加班有沒有加班費，她說有。我知道她家裡還有年幼的孩子，所以又追問公司是否提前知會她要加班一整晚，她笑著說：「因為中國人有壓力，他來求我們：『拜託留下來，妳看得出來我有麻煩了。』」她解釋：「既然老闆這樣求妳，妳也不得不幫他。」

恩波的故事透露了幾個同時發生的深刻轉變，都是由工廠的工作激發出來的。她再也無法掌控自己的時間，她需要配合工廠的需要來調整自己的生活，即便是臨時的通知也要配合。她也必須重新定義母職——她必須上夜班時，就得找夜間的托兒服務。她現在扶養女兒的環境，在步調和限制上都和她以前成長的環境迥異。她需要培養出無比的同理心：雖然她只是來自農村的年輕女子，但她很快就瞭解到中國工廠老闆承受的壓力。此外，還有搬家的必要：她丟了第一份工作後，不得不搬家再找另一份工作，這反映出一個更大的遷徙現象：勞工從農村遷移到城市。

但是，她在某些方面失去控制力的同時，也在其他方面獲得了新的控制力。我見到恩波的幾天前，去拜訪了賴索托國內最大的成衣工會：賴索托獨立民主聯盟（IDUL）。我請他們談一下工會活動和工人的整體狀況，訪問接近尾聲時，我向IDUL的祕書長索龍・西諾黑先生（Solong Senohe）及國際協調員丹尼爾・馬瑞桑先生（Daniel Maraisane）提到工會內部的性別議題。當時我已經造訪過夠多的賴索托成衣廠，知道四分之三的成衣廠工人是女工，所以我很好奇為什麼IDUL辦公室的員工都是男性。我一開始只是若無其事地問道，他們兩人是如何加入成衣工會的。沒想到他們說，他們兩人都從未在成衣廠工作過。他們就像許多參與賴索托成衣工會的男性那樣，本來在南非的礦場工作，因此後來積極參與工會運動。南非的礦場以孕育強大的工會著稱，他們的工會不僅活躍，對南非的政局通常有決定性的影響。賴索托新興的工會運動是由南非強大的工會傳統衍生出來的，那其實有幾分的道理。但我還是很好奇，IDUL的領導階層中是否有女性。他們兩人聽完我的提問後，告訴我隔天再去一趟。

隔天我再度造訪IDUL時，恩波正等著見我。她參與工會的過程與那些男性大不相同，是基於很直接的原因：她第一次遭到工廠以不公平的方式解僱時，原本應該代表她討回公道的工會卻毫無作為，所以她決定靠自己的力量爭一口氣。在下一份工作中，她開始招攬同事組成工會，以確保她以前的經歷不再發生。她在第二份工作中擔任工廠的工會代表，負責招攬工人入會、收會費、排憂解難。她在成衣廠工作了近八年，同時也積極參與工會，所以當她任職的工廠關閉時，工會邀請她加入，擔任全職的工會組織者。

當天我也見到另兩名女性的工會組織者：曼波伊（Mampoi）和莫帕（Mopa）。曼波伊在任職的工廠裡遭到歧視後，開始積極地參與工會運動。莫帕在一家牛仔布廠工作多年後遭到解僱，但依然負責號召那裡的工人要求廠方改善工作條件。她的首要訴求是什麼？冬天有暖氣。她努力推動一些非常務實的計畫，例如要求工廠打開某些門窗以加強通風、提供健康和安全培訓、冬季提供熱水等等。工會的男性把焦點放在工資及加班問題上，莫帕則是關心工人的日常生活，因為工人清醒的時候幾乎都是在待在工廠裡。

訪談接近尾聲時，我提到工會的領導高層都是男性，她們三人聽我這麼一說，興奮得幾乎從椅子上跳起來。她們在工廠工作以及為工會組織活動時，注意到一些結構性議題影響賴索托的勞工運動。更重要的是，她們想要解決那些問題。莫帕說：「如果妳瞭解賴索托紡織業工會化的歷史，會發現它們是分裂的，因為領導者都是男性。」她所謂的分裂，是指不同的成衣工會之間明爭暗鬥。她繼續說：「也許我們可以找到解決方案，例如像女性那樣說話，從女性的角度看事情。現在我們努力說服它們接受：我們身為女性幹部，希望成為工會決策的一分子。」在訪談中，她一度直接向我求助：「孫轅，妳能幫幫我們嗎？激勵我們，幫我們獲得更多的權力、更多的權力、更多的權力！」

她那激動人心、創造歷史的願景嚇了我一跳。在這個非常傳統、男性主導的社會裡，女性獲得正式的機構權力是前所未聞的事。約克大學的凱莉・派克教授（Kelly Pike）是賴索托勞工運動的專家，她指出，賴索托的女性「習慣依靠在南非礦場工作的丈夫匯回家鄉的款項生活」[39]。現在，隨著她們適應工廠的工作，她們開始為自己發聲，而不是等男人為她們說話。這個演變當然不容易，曼波伊告訴我：「我們現在還不相信自己，我們很怕站在大家面前說英語。」我說，她們現在就是在說英語，並讓外界充分瞭解她們的想法。她笑著說：「現在我們講得很好，是因為只面對妳。如果是面對五十或三十個人，或一整個工廠，我們會很害怕。那實在太難了，那是男人取得權力的地方，我們總是默默站在一旁，感到害怕。」

女性主動發聲、改善工作環境的願景，不再只存於幻想

這就是貼近觀察工業化的情況。像「工廠工作」那樣簡單的事情，其實一點也不簡單。你把焦點鎖定在「大量就業」的可能性上，然後把鏡頭拉近細看，近到你可以看到曼波伊臉上的恐懼，就會明白工業化的發展並不是那麼單純直接。我們已經習慣聽經濟學家以生產力和競爭力之類的抽象概念來描述就業機會的創造，但真的去從事那些工作且日復一日上工的工人需要解決生活中的許多問題，那些問題是他們的父母輩永遠無法想像的。我們將在後面看到，非洲政府和機構如何靠自己的摸索來解決這些意想不到的問題。不過，這種情況也存在個人的層面。面對陌生的新狀況，像恩波、莫帕、曼波伊、阿赫梅那樣的人只能壓抑恐懼，硬著頭皮上工幹活；在生活的其他領域，他們也必須硬著頭皮去面對。

隨著愈來愈多傳統社會的婦女出外工作，主動發聲表達不滿，承擔更多的組織責任，認識更多經歷相同轉變的女性，她們開始思考一種未來願景：在那個願景中，她們敢站在一群人的面前，可以領導大家，而不單只是跟隨

他人而已。女性主動發聲，暢所欲言，擔任領導角色：這在賴索托變成一種可以想像的願景，這也是工廠工作激發根本轉變的可能性之一。對恩波、莫帕、曼波伊以及其他位居相同地位的女性來說，這種可能性肯定令她們感到興奮，但有時也令她們感到恐懼。如今有人要求賴索托的男人把權力分給妻子和姐妹，他們肯定會覺得自己握有的權力不穩，甚至感到頭暈目眩——畢竟，這是在顛覆沿用好幾個世代的社會組織。

因此，工廠帶來的就業機會，不僅是經濟學的問題，也是社會學、心理學、政治學、價值觀、權力的問題。發展中國家的工廠通常是僱用第一次離鄉背井的人做正職，那會引發大幅的變革。工人被迫遷移，孩子以不同的方式成長，社會規範將會改變，權力將會易手。沒有人能保證這一切順利進行或圓滿達成。事實上，歷史的教訓顯示，情況恰恰相反。然而，在重重的擔憂中，我們也看到了希望。人民開始適應新環境，學習新技能，養家糊口，開創新的未來，或許也發現自己以前沒意識到的心聲。

我想起莫帕描述她在工廠裡爭取安裝暖氣的過程：那是一場曠日持久的奮鬥，爭取的時間從她在那家工廠任職開始，到她遭到工廠解僱，後來成為全職的工會組織者後，她仍與前雇主持續談判。她記得有一天她被叫去和工廠的管理高層開會，對方終於告訴她，工廠要加裝暖氣了。經過了那麼多年、那麼多的不確定性，就只是為了安裝暖氣，但如今美夢成真，改變終於開始了。她說：「大聲疾呼了那麼多年，現在終於發生了——**現在！**」她的笑聲中充滿了喜悅和快慰。

第六章

進兩步、退一步

史蒂芬・席蓋（Stephen Sigei）是肯亞的年輕人，最近剛從當地的技職學校畢業，是檢定合格的機師。他從小就很愛機器，喜歡玩弄齒輪、舊收音機，以及任何他能弄到手的廢棄機器。他的手指修長，話語精簡。講到工作時，他常面帶微笑，露出有齒縫的門牙，有時講完話後，還會害羞地低下頭。

史蒂芬有個了不起的成就：二〇一六年四月，他與兩位同學一起從肯亞向中國出口價值十萬美元的機械零件。他們三人在一場全國工業技能競賽中贏得合約，後來借用學校的車床和銑床來製作零件，歷時三個月終於完成訂單。因此，他得以和學校分享合約的利潤（約一萬美元）[1]。史蒂芬和同學象徵著一種新的夢想正在非洲成形：非洲人能夠以夠高的效率生產出夠好的產品，並銷往世界各地。目前，非洲對中國的出口中，僅百分之八是製成品；中國對非洲的出口中，則有百分之三十是製成品[2]。所以，史蒂芬的成就引起了肯亞立法高層的關注。那份訂單出口幾個月後，官方仍熱切討論那件事。奈洛比最豪華的洲際飯店（Intercontinental）舉行了一場肯亞和中國官員的盛大聚會，在那場盛會的台上，肯亞教育部的祕書長黛娜・潔若提屈・恩溫季（Dinah Jerotich Mwinzi）描述她看到裝著史蒂芬那些製成品的貨櫃運到中國時，有多麼興高采烈：「我看著那個裝著肯亞零組件的貨櫃，那是多麼令人驕傲的時刻！我們習慣看到從中國進口的貨物，但這次我們把整個貨櫃**運往**中國。我們肯亞人出口到中國了！」她大聲地說道，現場觀眾回以熱烈的掌聲[3]。

但史蒂芬真正的夢想更加遠大：擁有自己的工廠，為肯亞國內外生產零組件。那個夢想是工業化可以為非洲帶來的第二種可能性：本土的資本階級。然而，儘管史蒂芬擁有世界級的技能，並從第一份合約中分得一萬美元，但他既沒有足夠的現金，也沒有足夠的信用額度來添購必要的機器。他能否自己創業當工廠老闆，不僅取決於他的努力和決心（他肯定有很多），也取決於他與外國投資者建立的關係。後者也許可以和他建立夥伴關係、顧及他的利益、相信他。如果中國在非洲的投資不僅想創造出新一代的非洲工人，也想創造出自己擁有生產工具的非洲實業家，那需要具備多種要素：個人主動性、互補的商業安排，以及最難以捉摸的要素：個人信任。

灑上熱血的創業夢想

實現史蒂芬的創業夢想，無疑會是一場艱苦的奮鬥，但希望這場奮鬥不像他目前為止經歷的那麼辛苦。他和同學贏得的十萬美元合約，是中國航空工業國際公司（AVIC International，簡稱中航國際）在肯亞舉行競賽，頒給肯亞最佳機械加工團隊的最大獎。中航國際是一家中國的工業控股公司，在東非發展重要事業。它從肯亞各地募集了十八個機械加工團隊到奈洛比，在那裡進行大型工業車床和銑床的密集培訓一個多月，每天培訓八個小時。培訓結束時，中航國際提供每個團隊四種複雜機械零件的技術圖，要求他們在幾個小時內做出實體。競爭標準是看製作零件的精準度，由評審來衡量實體和技術圖的差距，偏差精確到毫米以下。

在長達一個月的培訓期間，史蒂芬很快就從那群人之中脫穎而出，成為最優秀的機師之一。決賽的兩週前，某週五晚上，他去街角一家商店為手機儲值。兩個陌生男子走向他，跟他要錢，他說他沒錢。他們立刻掏出刀子攻擊他，他根本來不及思考。其中一人在他的背上留下三道深深的刀痕，還有一刀是從他的頭頂劈下來，直接從棒球帽前方的繡徽中間劃開。接著，歹徒的下一刀是從史蒂芬的顴骨劃到鼻子。

史蒂芬不打算默默地倒下，他從其中一名歹徒的手中搶過刀子。那兩人看到受害者不再毫無防備，轉身溜走。史蒂芬血流如注地走到診所，頭上和背上都淌著鮮血，最後臉上縫了六針。

翌日，比賽的主辦單位勸他休息養傷，他固執地拒絕了。他跟其他人一樣上午八點就抵達車床前，也跟其他人一樣接受一整天的訓練。

但他的厄運並未就此結束。決賽還剩十五分鐘結束時，史蒂芬製作著最後一個零組件，但他不小心把手切開了。主辦單位的中國人叫他趕快就醫，但他找來一根水管，以水柱清洗傷口上的鮮血後，又回到機器旁邊繼續製作。時間到的時候，史蒂芬的最後一個零件還差一刀。他懇求主辦單位讓他完成。但是，基於對其他參賽者的公平，主辦單位堅定地拒絕了。

儘管如此，史蒂芬的個人分數在比賽中仍名列前三名，把團隊成績一舉拉升為冠軍。儘管他和隊友拿到了價值十萬美元的合約，但他以些微之差痛失了個人大獎：去中國攻讀碩士學位的全額獎學金。

為了獲勝而灑熱血後，史蒂芬的麻煩並未就此結束。自從完成有指標性意義的機械零組件並運往中國以來，他一直處於失業狀態。他透露：「我的夢想是，有一天我有自己的車床，生產自己的備件。[4]」但現在看來，那個夢想似乎遙不可及。他覺得即使他能接到訂單，學校也不會讓他使用校方的車床和銑床來完成其他的訂單，而且他也沒錢買那麼貴的設備。因此，他別無選擇，只能到老字號的企業裡找一份機師的工作。史蒂芬推遲的夢想，是製造業可以實現的更大承諾之一：工廠不僅帶來穩定、高薪的工作，工廠的所有權最終也會轉交到在地人的手中。誠如史蒂芬的故事所示，這個承諾不見得很容易實現——那需要技巧、決心、金錢、十足的勇氣。毫無疑問，許多人將會失敗，但仍有少數人會繼續奮鬥下去。

實現「本地人創業」的荊棘之路

雁行理論以及美國、亞洲、歐洲的歷史經驗預測，隨著工廠在發展中國家持續累積，當地人最終會接管工廠，成為下一波製造業的巨頭。我們有理由相信，這種情況也即將發生在非洲。有些國家有明確的政策，鼓勵當地人在製造業裡創業，其中最著名的也許是衣索比亞。政府招標的許多案子只開放給當地的製造商投標；國家級開發銀行所提供的融資，往往也只提供給當地的企業。

此外，工廠的關鍵任務之一是管理生產的投入，這促使製造商努力地縮短供應鏈。從歷史來看，這將讓工廠聚集的地方發展出一個充滿活力的供應商基地。儘管非洲仍處於初期階段，但我們沒有理由認為非洲是例外。隨著工廠在非洲各地突破某個臨界點，將來無疑會出現一批專門服務它們的供應商工廠。

本地人自己開工廠很有道理，因為那不僅有助於工廠的經濟效益，也有助於風險管理。外國投資者很重視在地知識，這個誘因往往驅使他們尋找瞭解當地市場、擁有當地人脈的當地合作夥伴。在動盪的國家中，那些合作夥伴也幫外國投資者規避政治風險。這些關係的延續可能出奇地長久：第二章提到的董氏集團從一九六〇年代與奈及利亞的夥伴合作創業以來，目前仍持續合作。那兩個家族——中國人和奈及利亞人——現在都有第三代擔任管理高層。

然而，在現實中，誠如史蒂芬的故事所示，總體預測似乎仍然過於輕描淡寫。原本可能合作的雙方，發現他們面臨資訊不完善的新情境時，可能連怎麼繼續發展下去都不知道。障礙多如牛毛，理論上他們終究會成功，但實際上很多人在過程中失敗收場。

這種以「進兩步、退一步」的方式邁向「本地人創業」的目標，或許在賴索托最為明顯。由於主導賴索托經濟的成衣業只有二十幾家公司，近年來至少有四家本土公司試圖進入成衣業著實令人訝異[5]。它們的故事代表了當地人試圖取得工廠所有權的四種結果：他們可能徹底失敗；挑戰現有的外國業者；與現有的業者建立互惠關係；自己創業成功。他們的故事說明了為什麼本地人自己開工廠那麼困難：因為每個人都欠缺某種東西。精英階層欠缺辛苦累積的實務經驗，也欠缺在悶熱的縫紉房裡埋頭苦幹數小時的經濟壓力。即使成衣業不是資本密集的產業，一般非精英階層、但有志創業的人往往缺乏拓展業務的資本，或者缺乏足夠的財力，難以在完成一筆大訂單並收到款項以前，持續維持生計。儘管如此，新的創業者仍然前仆後繼地投入市場，以驗證產業的吸引力以及擁有個人事業的巨大承諾（儘管那承諾大體上仍難以捉摸）。

美國有一半的新創公司在五年內倒閉，賴索托也一樣，創業失敗的可能性始終很大[6]。克里斯・莫哈比（Chris Mohapi）是一位風度翩翩、舉止合宜的賴索托企業家，頂著一頭灰髮，穿著剪裁合身的西裝。我訪問他時，他正在關閉自己創立的成衣製造企業。他是成功的商人，也是賴索托精英階層的一員，與賴索托的一些高官是朋友。兩三年前，他和合夥人共同創立一家成衣公司，工廠僱用了一百五十位工人。他們的商業模式是承包鎮上更大的成衣廠發包出來的訂單，那些大廠往往承接的訂單超出產能，但又必須趕在嚴格的截止期限內交貨——也就是說，他的經營模式和第三章提到的沈太太很像。但創業未滿十八個月，他就決定關廠了。他和合夥人遇到許多問題，每個問題都導致其他的問題變得更加複雜。當初為了省錢，他們決定從另一家當地的成衣公司承租機器，卻沒料到那家公司會提供他們最舊、最爛的機器。機器維修費因此大幅上漲，再加上必要的停機時間，導致他們的成本急速飆升。在勞工方面，他們是依賴一家頗受好評的人力培訓中心，那是由賴索托的政府和世界銀行一起資助成立的。然而，那些工人實際上工後的生產力卻不如競爭對手，因為競爭對手的勞工是直接邊做邊學。工廠需要工人每小時生產一百五十件衣服才能達到收支平衡，但那些工人每小時的產量從未超過一百二十件。機器故障導致的停機時間，以及效率低下的工人導致產量低落，使工廠註定走上倒閉一途[7]。

若要克服克里斯面臨的挑戰，一種方法是與現有的企業緊密合作，那可以降低當地人進入成衣業的風險，也讓那些做到想退休的亞洲老闆分享利潤。瑪波仁・賽索（Mabereng Seiso）是賴索托王室的成員，她想嘗試創業，所以和來自臺灣的女企業家珍妮佛・陳（Jennifer Chen）達成合作協議。珍妮佛在賴索托經營工廠已逾二十年了，事業有成。那家工廠專門為 Old Navy、Gap 等全球知名品牌製作成衣。近年來，珍妮佛愈來愈投入當地的慈善工作，她希望把更多的時間花在工廠以外的地方。她已經入籍成為賴索托公民，希望以後能把她辛苦打造的事業轉交給這個接納她入籍的國家。由於工廠是持續營運的事業，她設計了一種合作方式，讓瑪波仁承租及經營工廠的每個面向，善用她早就建好的一切資源，包括訓練有素的工人、工廠流程、長期的客戶關係。珍妮佛可以從這些資產獲得穩定的租金，瑪波仁則可以保留經營工廠的利潤，這個計畫看似萬無一失：瑪波仁可以在運作良好的模範工廠中累積成衣業的經驗，珍妮佛可以抽離工廠的日常營運，但依然看到一生辛苦打造的事業持續下去。

珍妮佛表示，她們合作僅六個月，她就開始懷疑合作出了問題（瑪波仁多次拒絕我的採訪請求）。水電費的帳單沒付，想透過電話聯絡瑪波仁變得異常困難。合作一年後，雙方都清楚這起合作案難以繼續下去：訂單不再進來，而且瑪波仁積欠珍妮佛的款項愈來愈多。珍妮佛認為，合作案之所以失敗，是因為想投入製造業的當地精英階層並未意識到他們需要全天候用心地管理事業。「賴索托的富人愈來愈多，早在十五年前就有一些富人想要進入製造業。」她告訴我：「但他們承受不了壓力，例如，對賴索托來說，我們與美國和亞洲都有時差。我習慣配合亞洲的營業時間，但這裡有很多在地人不習慣這樣做，他們只會說：『我現在必須休息。』[8]」無論合作案是因為什麼原因而破局，珍妮佛後來收回了自己的工廠。那次與當地人合夥的希望幻滅後，現在她是找臺灣的合夥人合作。然而，瑪波仁並未放棄，儘管她顯然在躲珍妮佛的討債電話，但她在市區的另一端開了一家新工廠。我去參觀時，有六個工人正在搭建一條簡陋的生產線[9]。

儘管瑪波仁和珍妮佛一度充滿希望的合作關係到最後不歡而散，並不是每個國內外事業的合作案都註定失敗。薩比索・莫沙本（Thabiso Mothabeng）是這種合作案能夠蓬勃發展的實例。薩比索經營高山紡織網版印刷公司（Mountain Textile Screening Company），專門印刷T恤和其他棉質的成衣（想想一九九〇年代經典的 Old Navy T恤，他的公司印了很多那種服裝）。一九九〇年代，他是賴索托成衣業中唯一的黑人廠主，他必須向其他的工廠老闆（全是亞洲人）證明自己的實力。他告訴我：「他們不相信本地人會冒險創立那種事業，我需要說服他們相信我能做到。你需要做樣品，然後他們會先給你小訂單，你必須盡全力做到最好。說到底，在這個國家，身為這個產業中的唯一本地人非常辛苦。」即使他證明了自己的實力，也經常接到大客戶的訂單，但從事這一行依然很孤獨。他描述某次和 Gap 公司開會的情況：亞洲人聚在房間的一邊講中文，Gap 公司的美國高管聚在房間的另一邊講英文，他是現場唯一的本地人，所以他索性厚著臉皮以塞索托語自言自語了起來。

不過，薩比索與當地的亞洲成衣公司建立了高效又互利的夥伴關係，從拉進顧客訂單到完成商品都全程合作。他告訴我：「我必須和中國人合作。我去了亞洲，亦即中國、香港、新加坡、臺北等地去見買家。你必須告訴買家，賴索托有規模這麼大的紡織印刷廠。」他必須與亞洲公司協調生產，因為他負責的網版印刷必須排在生產過程的中間。他說：「它們把布剪下來，讓我們印刷，再拿回去完成縫製。」他的生意和亞洲成衣廠的生意是彼此互補的：並非每張訂單都需要網版印刷，所以一群成衣廠只跟一家網版印刷廠合作很合理，而不是每家成衣廠都各自投資網版印刷機器、技術和流程。近年來，隨著時尚變化及消費者對網版印刷的需求減少，薩比索的業務開始萎縮。但是從他的公司營運近二十年即可證明，當地的老闆確實有能力打進大市場並蓬勃發展：高山紡織網版印刷公司在鼎盛時期，每天以十種顏色印刷兩萬件衣服[10]。

如果說薩比索是設法在外資主導的產業中自立自強二十年的老前輩，盧奇・亞當斯（Luqy Adams）則是雄心勃勃、志向遠大的年輕人，他的目標比以前的本地人更宏大。盧奇是家族企業中最年輕的一代。他的曾祖父在一個世紀前創立了家族企業。我認識盧奇的一年前，他在美國政府的贊助下，前往拉斯維加斯參加一場成衣採購展。在那種秀展上，美國的大型服裝品牌與開發中國家的工廠老闆打交道，雙方可能一邊喝著啤酒，一邊握手成交。儘管盧奇以前只接過小單，利用十幾位工人生產少量的T恤和緊身褲，但他這次不顧一切地爭取大單。他對於公司的生產經驗有限直言不諱，但至少有一位客戶欣賞他的誠實和雄心壯志。他帶著一張大訂單返國：兩百六十萬件雪紡背心，背心的正面有閃閃發光的貼花，訂單總值是兩千萬美元——這對老字號企業來說已經是不錯的交易，對盧奇這種業界菜鳥來說更是值得自豪的佳績。

他興高采烈地帶著好消息回家，但真正的工作才正要開始。他需要馬上把工廠的規模迅速擴大，從只僱用十人變成四百人。除了想辦法搶人以外，盧奇還面臨效率不彰的老問題。有縫紉雪紡經驗的工人少之又少，那是一種難以掌握的滑溜材質，因此他們每天平均只能生產三百五十到四百件，但原來的目標是每天生產五百件。此外，現金流也很緊迫。成衣業的行規是在完成訂單以後才能收到貨款。但盧奇需要先自掏腰包，採購所有的布料、裝飾和其他材料。賴索托政府為材料的採購提供了擔保，即便如此，盧奇的現金流還是很緊迫。由於盧奇的工廠規模急遽擴大，他也需要資金添購數百台縫紉機。但他一次只能夠添購幾台機器，其中還有許多是機型不一的二手貨。他無法一次採購一大批相同的機器[11]，機型一致時，運作起來比較有效率。

儘管有這些惱人的問題，我見到盧奇時，他對於自己在成衣業的未來卻非常樂觀。他把他面臨的挑戰視為成長的必經之痛，認為那些痛苦終究會隨著時間而消失，不是永久的障礙。如果他達成這次大膽的壯舉，完成價值兩千萬美元的訂單，他將從此打進大市場，跟大型業者平起平坐，不需要像克里斯那樣當分包商，也不需要像瑪波仁那樣依賴外國人，或像薩比索那樣侷限於某個利基市場。他會有自己的客戶關係，並接下更多的訂單。他的銀行帳戶裡會有現金，不需要再添購更多的機器，而且還有數百名工人習慣使用他的生產系統。

只有時間能夠證明盧奇能否完成這筆大訂單，成為國內成衣業最成功的案例，或是淪為最慘烈的失敗個案。這四位工廠老闆——克里斯、瑪波仁、薩比索、盧奇——展現出渴望擁有生產工具的當地人所呈現的多元樣貌。

從富有的皇室成員到普通的小商人，他們為自己的事業帶來不同的技能和缺點。精英階層的人脈廣博，不缺資金，也不缺政府的支持，但缺乏工廠實務經驗，或許也把信任對象想得太天真。沒沒無名的企業老闆鬥志旺盛，瞭解企業的本質，但難以獲得信用額度，也難以創造出足夠的現金以推動事業成長。然而，這四位工廠老闆也有共通點：他們樂觀地認為當地人不只能夠在工廠賺取普通工資而已，他們願意接受挑戰及承擔長期風險，爭取訂單、也帶回戰利品。盧奇現在正抱持著這樣的心態，攀登陡峭和危險的懸崖，那座懸崖通向那四位賴索托人認定存在的希望之地。即使是跌落懸崖的人，也可以感受到懸崖頂端的魅力。克里斯結束第一次創業的工廠時，已經開始思考下一步怎麼走。他宣稱：「行動已經啟動，大家都看到了可能性，我希望有更多的本地人加入，推動工業化的發展。這樣發展兩三年後，我們會有十家充滿抱負的本地工廠，這似乎是很自然的進程。」

既是中國的一部分，也是非洲的一部分

「自然的進程」——那應該是事實，但一些歷史上的實例顯示出截然不同的狀況。一個世紀以來，印裔的東非人一直主導著肯亞的製造業。事實上，「肯亞製造商協會」可以乾脆改名為「印裔肯亞人商業協會」，因為會員中很少其他的族裔。儘管印裔人口在肯亞生活、經商、養兒育女已有一個世紀之久，但這個國家的印裔人口卻顯得格外不同。印裔肯亞人和肯亞黑人通婚的情況很少見，印裔肯亞工廠的老闆想要退出事業時，他們把事業賣給印度人的機率跟賣給肯亞黑人的機率一樣。在西非，黎巴嫩人大致上也沿襲同樣的傳統，儘管他們在當地經商一個多世紀了，而且很多人也在當地生兒育女，但他們仍不願與當地人融合。在象牙海岸，黎巴嫩裔的製造商與黎巴嫩人及黎巴嫩僑民的關係，比他們和西非商界的關係更為密切。如今愈來愈多的華人出現在非洲，如果這些華人也以同樣的模式在非洲生活，自成一個封閉社群，以致於二一〇〇年時他們和中國的關係比非洲的關係還密切，那是一件非常可惜的事。

目前這一波從中國遷移至非洲的製造業若要逐漸本土化，需要什麼？這是我去拜訪札芙・葛布雷薩迪克女士（Zaf Gebretsadik）時想到的問題。她與中國人合夥經營的事業，是我見過最成功的中非合夥案之一。

札芙女士是中年的衣索比亞人，微笑時露出燦爛潔白的牙齒，梳著一頭蓬鬆的棕髮。她的咖啡色肌膚充滿了光澤，塗著紅色的指甲修剪得無可挑剔。她愛穿色彩鮮豔的上衣，配戴著黃金首飾，熱切地請客人吃餅乾，搭配衣索比亞茶。她就像完美的女主人那樣，輕輕地把盤子推向客人，但我們不是坐在客廳裡，而且札芙女士也不是家庭主婦。我們是在她白手起家創立的公司會議室裡，她是這家公司的執行長。一九九二年，她從一人公司起家，現在旗下有三家公司，僱用了三百名員工。更重要的是，她創立公司的方式是和中國企業家成為真正的合作夥伴。他們的合作關係不僅存續下來了，還蓬勃發展二十多年。札芙女士和中國的合作夥伴是如何實現跨文化的合作，為什麼印裔肯亞人和黎巴嫩裔的象牙海岸人卻做不到？她有什麼祕訣？

一九八〇年代初期，札芙女士從衣索比亞的藥學院畢業，後來到公立醫院擔任藥劑師。一九八〇年代中期，乾旱和隨之而來的饑荒，使衣索比亞那些令人鼻酸的饑童畫面傳遍了世界各地，引起舉世關注。當時她加入一個救援組織，後來轉而研究農藥。一九九二年，她決定自行創業。在以農業為主的經濟體中擔任農業研究員的經驗，使她看到人類和動物都需要藥物，因此看出銷售那些藥品的商機。衣索比亞自己生產的藥品很少，所以她認為衣索比亞應該需要進口更多的藥品。她主動造訪當地的中國、法國、瑞士大使館，但只有中國人理她。「我直接去了中國大使館的經濟辦事處。」她笑著回憶道，對自己當時的貿然行動搖搖頭。在經濟辦事處的幫助下，她設法聯繫到多家中國製藥廠，變成它們在衣索比亞市場的正式代表。不到兩年，她就為這些藥廠爭取到衣索比亞政府招標的大案子。

幾年後，她所代表的一家中國公司（如今她依然是那家公司的代表）主動向她提出一個有趣的提案：何不成立一家合資企業，來生產包覆藥物的膠囊呢？

札芙女士在天性使然下，馬上把握住那次機會。她投入自有資金（基本上是目前為止的全部獲利），以取得那家合資公司百分之三十的股份。那家公司名叫非洲中衣聯合公司（Sino-Ethiop Associate Africa PLC），是撒哈拉以南非洲的第一家、也是唯一的膠囊製造廠。札芙女士熟悉衣索比亞的市場，又擅長與衣索比亞的官僚體系打交道，這兩個優點與兩位中國合夥人形成完美的互補：其中一位擅長在開發中國家銷售藥品，另一位擅長膠囊製造技術。他們的工廠迅速完工營運，而且很快就開始獲利。非洲中衣聯合公司的產量，從最初的每天兩百萬顆膠囊，增至現在每天生產六百萬顆，未來計畫擴增為一千一百萬顆。這家公司的產品幾乎包辦了衣索比亞的外銷藥品，在非洲大陸及中東各地都有銷售[12]。

二〇一六年年中，我造訪那家工廠，發現整個工廠內完全沒有中國人。儘管那家工廠是中國技術人員設立的，最初也是由中國人負責營運，但他們很快把技能和責任轉移給當地人。他們也把百分之十的衣索比亞員工派往中國，在營運完善的膠囊工廠中接受培訓。隨著衣索比亞人對自己的能力愈來愈有信心，中國員工就回中國了。如今非洲中衣聯合公司共有一百七十位永久雇員，只有兩人不是衣索比亞人。非洲中衣聯合公司的副總經理謝戈・阿德羅（Shegaw Aderaw）是衣索比亞人，他自豪地表示：「現在我可以說我們是專家。如果我們想開一家新工廠，可以完全靠自己來。」

如今，除了擴大工廠以外，札芙女士還有其他的商業點子。最近她創立一家藥品包裝廠，因為以前在非洲中衣聯合公司，連用於保護熱敏感膠囊的保麗龍也需要進口。她也打算跨入藥品生產的領域，以活性藥物成分來填充他們生產的膠囊。對於這兩個新事業，她都將與中國夥伴合作。談到她的夥伴，她說：「我真的很喜歡他們，也很信任他們，我們相處得很好。[13]」

這一切之所以有可能發展至今，是因為十五年前札芙女士做了一個關鍵決定。如今她已是製造業的巨擘，當初那個決定看似顯而易見，然而當時並非如此。對札芙女士來說，那是一種大膽豁出去的冒險——從一個幾乎不需要固定投資的銷售與行銷事業，轉變成需要投入大量固定成本的製造事業。她必須把迄今為止累積的所有獲利，全部投入一家實體工廠。那是很大的風險，因為她以前從未在工廠工作過，也沒有經營工廠的經驗。

但她指出，最終的決定並不是出於商業考慮，而是出於信任問題。「我並未猶豫，」她告訴我，「我不確定自己能不能賺錢，但我從一九九二年就認識這些人了。我真的很信任他們，他們就像家人一樣。[14]」

札芙女士的故事點出，如果今天在非洲的中國人想要避免像印裔肯亞人和黎巴嫩裔象牙海岸人那樣只跟同族裔的人做生意的狀況，他們需要具備什麼關鍵因素。對擁有愈來愈多生產方式的非洲人來說，本地創業者的努力和經商能力只是成功方程式的部分元素，另一部分則是人脈關係——合夥雙方是否真的關係密切，是否對彼此有足夠的信任，看到新商機時就想和對方分享。這是商業合作的人際面：本地人若要自己創業當老闆，必須先落實本地融合。以後會不會有愈來愈多的非洲人和中國人像札芙女士和其中國夥伴那樣，培養以信任為基礎的關係呢？還是中國工廠會在地主國中形成孤島，自顧自地營運？這個問題的答案取決於另一個更深的問題：中國人會開始想像自己既是中國的一部分，也是非洲的一部分嗎？

作家薩爾曼・魯西迪（**Salman Rushdie**）最擅長描寫移民的複雜性、意義和諷刺性。他描述移民是從破裂的鏡子觀看世界，「有些碎片已不知去向，再也拼不回去了」[15]。移民必須從剩下的碎片及缺少的碎片中建構出新的東西。移民必須從這面由碎片拼湊而成、充滿裂痕、不完美的鏡子中反映他的身分。

魯西迪是在打比方，但是對當今來到非洲的中國移民來說，那面鏡子確實是存在的。有鑑於中國年輕世代對科技的熟稔，或許這面鏡子是以社群媒體的方式呈現並不奇怪。波布非洲（Bobu Feizhou）是讓非洲的中國移民反思的虛擬空間，是由年輕的中國作家兼創業者自然（Zi Ran）打造出來的。他和妻子在肯亞生活了六年，最初是來為中國的官方通訊社新華社工作。他愈來愈融入肯亞的生活後，發現那些在非洲報導華人的記者中，沒有一個人瞭解他所在的非洲華人社群的世界觀或經驗，這點令他日益感到不安。中國官方的出版品（包括其雇主）只會報導一些光鮮亮麗但流於膚淺的中國善舉。還有另一種極端，是非洲和西方媒體對中國移民的報導充滿了懷疑態度，只有在發生醜聞時才報導他們。自然看不到任何報導可以代表他或他認識的人——那些想在非洲自力更生、充滿好奇的中國年輕人。

對此，自然的反應是做多數千禧世代擅長的事：利用社群媒體。他在熱門的中國社群媒體app微信上開了一個頁面，最初的理念很簡單：把非洲的在地新聞譯成中文並加上評論，那些原創的評論內容兼具娛樂性和資訊性，結果引起讀者的熱烈迴響：不僅讀者要求他多寫一點，還有許多人也想參與。那個頁面開不到兩個月，就吸引五十名志願者每天掃讀及翻譯非洲報紙。

自然告訴我，一位志願者是成功的創業者，每天花很多時間經營自己的事業，但每晚依然熬夜編輯他負責的那塊內容。讀者群的規模就像中國人常講的「翻了翻」，迅速成長，不斷地加倍又加倍。某天自然在新華社上班時，有人把他拉到一邊，委婉地告訴他，那個微信頁面應該低調一點，萬一那個業餘弄出來的小頁面比官方媒體平台更紅，中國政府的面子會掛不住。在中國體制裡聽到這樣的勸誡，猶如一種終極的恭維，充滿了諷刺意味[16]。

自然意識到他無意間觸及了非洲華人社群中一股強大的潛在願望，那些華人想要誠實地反思他們在當地的體驗。波布非洲對於主動加入的自願者及讀者群來說意義非凡，因為那幫他們蒐集了個人經歷的片段，並把那些片段塑造成有意義的東西。所以，自然並沒有因此轉趨低調，而是加倍投入。他辭去新華社的工作，自立門戶。在接下來的幾個月裡，他和朋友把「波布非洲」微信頁面上的使命從新聞翻譯網站，改成讓在非洲生活的一般中國人得以真正反思的空間。如果說讀者對他們當初創立的新聞網站反映熱烈，現在改變型態後，讀者的熱烈迴響更是驚人。短短幾個月，波布非洲就累積十萬名粉絲。事實證明，許多在非洲生活的中國人跟自然有類似的感受：他們厭倦了官方辭令，但仍渴望做一些好事；厭惡某些同胞在非洲的行徑，但仍強烈認同自己是中國人；欣賞非洲，但不確定自己會不會在那裡長期發展。對許多人來說，瀏覽那個網站是因應那種不確定生活的方式，或許還可以幫他們從苦樂參半的生活中創造出意義。

有一篇文章或許最能概括說明非洲華人社群面臨的困境，那篇文章的標題是〈待不下去的非洲，回不去的中國〉[17]。那篇文章時而妙語如珠，時而讀來揪心，文中描述橫跨在兩個世界之間、但又不完全屬於任一世界的生活細節，例如：中國的親友該打電話到非洲給你時，卻愈來愈忙，沒空聯繫；回中國度個假，以全票價格買電影票，卻被罵竟然不知道最新的折扣 app；兒子一年多沒見到在非洲工作的父親，看到父親竟然直呼「叔叔」。那篇文章的核心是承認非洲的中國人面臨一個痛苦的決定：是在非洲安家，還是繼續把家鄉定義為遠方的中國。無論決定選哪一個，他們都失去了某些東西：朋友、愛情、工作機會、生活體驗、歸屬感、最貼近內心的夢想。最後，那篇文章建議讀者「心安之處，是故鄉……不管什麼時候，都不應該放棄自己的夢想。[18]」

自然的使命，根本上來說，是從他帶到非洲的中國片段和他開始熱愛的非洲片段塑造出一種身分認同。要放手很難，留下也很難。打造一個家園就是一種巨大的想像，需要想像自己屬於一個既熟悉又陌生的地方。誠如魯西迪所言：「我們的身分既多元又片面。有時我們覺得自己橫跨了兩種文化，但有時我們兩頭落空，陷入兩者之間。[19]」那是個「模糊多變的地帶」，但也是一個充滿創意的「眾多」空間，它在變化的同時，也「暗示著夢想的無限可能性」[20]。

我第一次見到自然的隔天，訪問了史蒂芬・席蓋。他告訴我，他想自己開機械加工公司的夢想，而且即使困難重重，他仍堅持一定要實現那個夢想，願意為那個夢想做任何犧牲，甚至不惜灑熱血。像自然那樣的中國年輕人以及像史蒂芬那樣的非洲年輕人，他們的夢想不止以一種方式交織在一起。中國投資者真的會把非洲視為真正的家園嗎？他們真的會把非洲人視為共同社群裡的夥伴和鄰居嗎？像自然那樣的年輕中國創業者，真的能夠在個人層面上充分瞭解史蒂芬那樣的非洲創業者，從而合資共同創立一家企業嗎？當珍妮佛・陳那樣的外國人想要退出事業時，他們對接納他們入籍的非洲國家所抱持的信任和忠誠，會促使他們把事業賣給當地人，而不是其他外國人嗎？

雁行理論預測，隨著時間推移，工廠的所有權最終將會以某種方式轉移到接收國，但那個理論並未提到具體的細節。你貼近觀察現實的時候，往往會發現這種充滿自信的預測不是那麼篤定，但可能這正是即時觀看歷史的本質。唯一明顯、但或許出乎意料的是，想在非洲創造出一批本地的工廠老闆，需要兩種大膽。一種大膽是由純粹的毅力、狂熱和熱血所驅動，是像史蒂芬和盧奇那種夢想遠大、敢於嘗試的非洲人。另一種大膽是放手及勇敢豁出去的信任，像自然和札芙女士的中國事業夥伴——他們不僅在非洲投資金錢，也在非洲傾注心血。這兩種大膽交會的地方，就是本地融合發生的地方——本地老闆的事業和中國移植企業平起平坐。因為促使中國廠主讓年輕的工人有機會晉升到高層，不是只有經濟因素而已；促使一個年輕的非洲機師去爭取那個機會，也不是只有薪酬而已。那還需要人際關係，一種不言而喻的感覺、追隨使命的感覺、建立家園的感覺。

第七章

（夠）好的治理

兩年前，我去肯亞協助設立一個工人技能培訓方案。我的動機是想看中國企業是否有可能促成非洲的良好治理，很多人對此抱持懷疑的態度：從希拉蕊到我兒時的偶像「靈長類動物學家」珍・古德（Jane Goodall）等各界人物都針對「非洲新殖民主義」的出現提出警告[1]。他們擔心中國的投資削弱非洲的體制，導致幾個世代陷入無能，變得不負責任，就像以前西方殖民主義釀成的悲劇那樣。我的大學畢業論文是研究英國在肯亞的殖民主義，所以這些擔憂對我來說合情合理，也不容忽視。我想做點什麼來幫助他們，所以當我發現一個非政府組織試圖與肯亞的中國企業合作來解決當地的問題時，我便收拾行李，前往奈洛比。

在肯亞，我見到了以撒・福闊（Isaac Fokuo）和王媛（Wang Yuan），他們是一起經營中非卓越基金會（SACE Foundation）的夥伴，該基金會致力於中非關係的改善。他們兩人分別代表了眾人對中國投資與地方治理的雙重擔憂。王媛本身是中國人，她擔心中國公司可能把一些有疑慮的做法引進非洲，例如經營方式忽視當地人的能力培養，也導致當地政府的腐敗——糟糕的地方治理可能削弱肯亞吸引外國投資者的能力，尤其是來自中國的投資者。以撒是非洲人，在創立 SACE 基金會之前，已創立多家成功的企業。他堅信，開發中國家維持榮景的方式，是吸引及發展企業。他擔心，肯亞的官僚機構缺乏應對能力以及選舉經常引發的暴力衝突，可能會讓有意投資肯亞的業者裹足不前，導致該國得不到成長所需的資金和專業技能。他指出，王媛的內部研究顯示，在肯亞經營的中國公司中，有一半以上的業者認為，腐敗是在肯亞做生意的「巨大障礙」。如果他們兩人並非杞人憂天，那後果實在令人擔憂：無法兼顧成長和治理，只能在兩者之間二選一——有治理但無成長，有成長但無治理。

我們決定透過實驗來看，是否有可能擺脫這種困境。我們召集了肯亞的政府機構、在地的非營利組織、幾家主要的中國企業，一起來解決每個人都認為需要處理的問題：青年發展。對肯亞在地的利害關係人來說，青年失業率幾乎是其他人口失業率的兩倍，是個日益失控的社會議題[2]。對中國企業來說，缺乏熟練的本土勞力是一大商業支出，因此他們不得不從中國引進技術人員，這也拉高了他們的營運成本，侵蝕了獲利。顯然，如果能為當地的年輕人設立一個技職培訓專案，可以創造多贏的效果，讓各方（中國企業、肯亞政府、在地社群）都能受惠。我和王媛在這個專案上花了幾個月的時間，考察了一些技職學校，參觀工作場所，找一些決策者來開會，追問政治人物一些問題，運算了一些數字。我們設計出一套詳盡的培訓方案及實施計畫。透過王媛與當地華人社群的人脈關係，我們甚至說服在肯亞投入多項大型專案的中國建築及重機公司「中航國際」（AVIC International）為這個培訓方案出資，並提供培訓人才的師資。

但後來我們遇到一個鮮為人知的政府機構「教師服務委員會」（Teachers Service Commission，簡稱 TSC），原本看來勢不可擋的動能頓時戛然而止。我們與教育科技部、肯亞的行政部門和負責「2030 肯亞展望」（Kenya Vision 2030，國家經濟發展協調機構）的決策者進行廣泛的合作。但後來發現，TSC 不受任何政府機構的約束，它在「分配教師到技職學院」這方面擁有自主權。所以，無論我們培訓再多的教師，TSC 幾乎一定會把他們重新分配到其他學校。當我們無法知道老師的去向時，也不可能知道要把學生送到哪裡去獲得更好的新式培訓。中航國際因為無法確定日後僱用到技術更好的學生，當然不願出資贊助那個方案及培訓師資。

我和王媛遇到這個障礙時，不免慌了起來。事實上，那對我們來說是一大挫敗：我們投入數個月的心血付之東流，好不容易培養的人脈再也派不上用場。我們不得不一切重來，那實在很痛苦，畢竟我們差一點就看到成果了，而且我們的設計對TSC以外的其他單位來說都很有意義。

後來檢討那次失敗時，我認為那是專案失敗的關鍵。或許是因為那個理由完全呼應了開發中國家的展望行動停滯不前的常見原因，我把我們專案失敗的原因也歸咎於肯亞的「官僚主義」和「缺乏制度能力」。直到後來我才明白，這些概念——官僚主義、制度等等——並非一成不變的。它們會持續演變，經驗豐富的公司知道如何推動發展，好讓它們的商業模式在過程中轉變。中國企業對非洲進行大規模投資的過程中，抱持著一個很大的信念：非洲政府已經夠好了，足以讓它們在非洲做生意。「夠好」是一種帶有風險的評估——一種可能導致團體迷思或腐敗行為的滑坡。但那也是一個充滿創意可能的空間，可以促進社會學習及制度創新。開發不是靠計畫，而是靠自立自強，臨機應變。那是試探性、不確定、但充滿希望的：覺得「夠好」的治理有可能變成良好的治理，失敗也有可能逆轉為成功。

不是失敗，而是差點就成功了

離開肯亞的技職培訓專案一年半後，我終於打電話給中航國際的專案經理林奇（Qi Lin），當初他很認真考慮贊助我們的專案。專案解散後的十八個月裡，我們偶爾會在中國的社群媒體「微信」上問候彼此，但我一直避免跟他好好談談。對於那個充滿希望的實驗，最後卻是失敗收場，我一直覺得很失望。有陣子我甚至覺得我在肯亞的經歷只證明了我個人的天真。我不敢談論那件事，因為一講開來，可能也證明了那個令人沮喪的結論：中國的投資確實與非洲的良好治理無法相容。但我已經開始撰寫這本書，我想直接面對這個重要的問題，所以我鼓起勇氣找林奇好好談談。然而，電話鈴聲響起時，我依然有點希望他正好不在。但他接起了電話，我們因此聊了兩個小時。

一開始我問林奇，他覺得我們的專案為什麼會失敗。他那大喇喇的中國北方口音突然提高了分貝：「妳說『失敗』是什麼意思？」他驚呼：「我覺得那樣講不對，我們沒有失敗，我們差點就成功了！」

我一聽就笑了。失敗和差點成功的區別是什麼？差點達陣？次好、但不夠好？「差點」畢竟還是不算數，顯然林奇只是在玩文字遊戲。

但林奇那番話是認真的，所以他聽到我笑出來時，覺得一點也不好笑。他問我：「那NYS呢？那也失敗了嗎？」我承認他那樣反問很有道理。NYS是肯亞的國家青年服務機構（National Youth Service）。我們當初遇到TSC那個障礙時，林奇意識到NYS是一個已經在運作的勞工培訓機構，由於它是由另一個分支的官僚體制所管理，不受TSC規則的約束。我們和NYS的代表做了幾次很有希望的會談，但落實那些談話內容之前，我就必須返回美國了。

林奇接著又說：「還有KTTC呢？」那也是很好的例子。遇到TSC的阻撓後，教育科技部的合作夥伴建議我們不要跟技職學校合作，而是去跟培訓技職教師的肯亞技術師院（Kenya Technical Trainers College，簡稱KTTC）合作。我們與KTTC的校長查爾斯・應巴里（Charles Imbali）長談，他對我們的想法很感興趣，並為整個設計增添了一個巧妙的轉折：讓老師和學生都能從做中學。我們一起設計出一套模式，讓肯亞的培訓師先從中國的培訓大師那裡習得技術，再傳授給學生。這是一套很棒的模式，既可以培養出訓練有素的學生，也可以培養出訓練有素的師資。

聽林奇這樣一說，我開始理解他的觀點並接腔說道：「還有KAM。」遇到TSC那個障礙後，肯亞副總統辦公室的人員建議我們去找肯亞製造商協會（Kenya Association of Manufacturers，簡稱KAM）。我們見到協會主席拉揚・夏（Rajen Shah）時，他馬上明白電腦數控技術及現代機械加工技術可以為該協會的八百位會員帶來新的商機，那八百位會員代表了整個肯亞的製造業。夏提出一種分時模式，讓會員承租先進的機械設備，也支付中國培訓師訓練其勞工的費用。他本來想迅速採取行動：他提議在下週的全員會議上提出這個想法，並在同一週內進行調查，以確定每種機械的確切需求。我一聽嚇了一跳，因為我隔天就要回美國了，無法配合他的緊湊時間表，希望他能把時間往後延。一般的刻板印象認為，開發中國家的機構和人民做起事來拖拖拉拉，結果他們一點也不拖拉，反而是我想要拖延。

林奇那番話想要傳達的重點是：這個專案之所以差點成功，是因為所有的內生元素都夠好了。我們遇到障礙後，發現我們因應的是一個反射性、自我再生的系統，裡面的參與者可以重新配置成新的模式，以衍生出新的解決方案。當一個機構不稱職、不合作時，肯亞的利害關係人很自然地為其他具備相關能力的機構牽線。我們最初的模式崩解時，也發現多種解決相同問題的方法。最棒的是，我們不需要自己想出新的解決方案——各個積極的參與者會各自提出解決瓶頸的新方法，並增添創意點子。

這個流程有一個術語：**自助式發展**（bootstrapping development）。哥倫比亞大學的社會學家查爾斯・賽伯（Charles Sabel）對這個概念提出了最貼切的說明：這是一種經濟發展流程，不完美的制度可以藉由這種方式，持續瞭解及適應多變的情境，從而產生良好的結果。這是對制度抱持動態、樂觀的觀點，不強調目前的制度如何，比較在乎未來可能變成怎樣。賽伯寫道：「如果真能透過自助式流程（亦即根據每個行動去決定下一步的行動）建立起有利成長的制度，這種制度不僅是發展的起點，也是發展的結果。[3]」這個理論為「肯亞青年發展專案」所遇到的狀況，提供了一種特別的解釋：TSC那個障礙非但不是永久的挫敗，反而啟動了一個學習流程，可以把系統的其他部分重新配置成一個更有效的模式。

自助式發展是一種激進的想法，與西方主流思想家構思的經濟發展流程背道而馳。一百多年來，大家普遍認為推動經濟發展的主流模式是「稟賦」（endowment）理論：亦即窮國必須以某種方式獲得一套更好、「正確」的新特徵才能成長。至於什麼因素構成這些「正確」的特徵，則隨著不同世代的學術潮流而變，但根本的主導關係（稟賦影響結果）則一直維持不變。十九世紀末，德國的社會學家馬克斯・韋伯（Max Weber）斷言，「正確」的稟賦是新教徒擁有的某種世俗心態，那是其他人所欠缺的。到了二十世紀中期，變成強調國家進行大規模多年規劃的能力。最近幾年的華盛頓共識則是強調對財產權的尊重及法治。就目前流行的觀點來說，當前的風潮是強調機構：有能力且主動積極的機構將會推動發展成果。每次我們談到「成長的先決條件」（或所謂的「有利的環境」）時，就會陷入一套八股邏輯，以為我們需要以某種根本的方式來改造開發中國家，才能幫它們釋放潛力。

這種觀點很難反駁，部分原因在於它很直觀。正確的心態、支持的政府、運作良好的市場、良好的制度等等——這些都是美好的條件，而且每次我們想到成功發展的國家時，都可以看到那些國家具備一個或多個有利的條件。這種根深柢固的思維，導致外人及非洲人都以一種悲觀的方式來進行干預——試圖建立治理良好的機構。例如，英國前首相東尼・布萊爾（Tony Blair）為此設立「非洲治理計畫」（African Governance Initiative），該組織派遣外國顧問到非洲的各部會工作。蘇丹裔的英國企業家莫・伊布拉欣（Mo Ibrahim）以自己的名字設立「伊布拉欣獎」，以獎金來獎勵那些任期期滿便卸任的非洲國家元首。或許最極端的例子是傑佛瑞・薩克斯（Jeffrey Sachs）的「千禧村落發展計畫」（Millennium Villages），那個計畫試圖從頭打造一切，以確保每件事情都「正確」。

相較之下，林奇和他的雇主中航國際則展現出全然不同的觀感。他們把焦點放在如何讓條件變得「夠好」。或許是因為中國本身就是一個政府機構和其他機構都是處於「建設中」的地方，許多中國企業對於制度可能不完善及多變的前景並不畏懼。它們不制定僵固的計畫，而是臨機應變，一邊做一邊調整，從容地自立自強——遇到障礙時，就更換不同的本地合作夥伴，跟著調整。這種自助式發展所伴隨的心態非常講究現實，但也極其樂觀。這也是林奇那句「差點就成功了」的意涵：這種說法雖然承認迄今為止的失敗，但依然相信失敗與成功之間只差臨門一腳的距離。

林奇的說法為我開了眼界，讓我看到了截然不同的可能性。如果稟賦和結果之間不是直接了當的線性關係呢？如果真實的情況不僅更為複雜，也更有希望呢？如果開發中國家已經具備了啟動成長所需的要素呢？如果真正需要的不是「正確」的心態、制度或想法，而是「夠好」的心態、制度或想法呢？如果這種關係其實是以另一種方式運作呢（也就是說，不是由制度產生結果，而是由結果產生制度）？

制度必須「使用」才會存在

制度就像肌肉，用進廢退。在奈及利亞，海關是一個大家都覺得已經壞死的地方。國際透明組織為二〇一〇年全球貪腐趨勢指數（Global Corruption Barometer）進行調查時，發現逾百分之五十的當地家庭在過去一年內曾對海關行賄[4]。多家世界級的外國公司（包括荷蘭皇家殼牌、西門子）涉及海關的貪腐醜聞[5]。海關的真正職能已經消失，取而代之的是一個扭曲殘存的機構，靠著向那些必須通過海關的人索賄為生。

二〇〇六年，在中非合作論壇上，中國政府在三十五個非洲國家元首的面前宣布，中國將支持非洲設立六個經濟特區（SEZ）。這是中國政府回饋的方式：把促進中國轉型的結構移植到非洲，幫非洲轉型。儘管經濟特區的設立在世界各地衍生出喜憂參半的結果，但中國本土設立的經濟特區發展得特別成功[6]。第一批設立的經濟特區非常有名：一九八〇年代初期我的父母上大學時，深圳還是個安靜的漁村。短短三十年後，深圳已躍升為中國人口第四多的大城，也是全球百分之九十消費性電子品的產地[7]。中國希望在資金及營運上，支援非洲國家建立自己的經濟特區，把中國的發展經驗變成他國可以套用的模式。

中國政府在奈及利亞找到一個願意合作的對等單位，接著安排廣東省政府去支援奧貢州（Ogun state），以打造奧貢廣東自由貿易區（Ogun Guangdong Free Trade Zone）。然而，奈及利亞的海關立即成為大家頭痛的問題。經濟特區非常依賴海關：特區的正常運作依賴便利的通關檢查、文書處理、以及對源源不絕的進口原物料和出口製成品徵收關稅。唯有海關等基礎服務部門正常運作，新設的經濟特區才能發揮潛力。只把一塊土地稱為經濟特區，無法改變奈及利亞海關的腐敗常態。

不幸的是，奧貢廣東自由貿易區的出現並未改變現狀，也就是說，它很快就變成走私猖獗的地方。二〇一〇年，亦即該園區設立四年後，園區裡約有五家營運公司，這與當初抱持的宏大願景（「數百家工廠蓬勃運作」）形成了鮮明的對比。大家依然懷疑當地的海關官員是否向中國的特區經營者索賄，或中國的特區經營者是否向海關官員行賄，但最終的結果毋庸置疑：那裡成了非法活動的避風港。一位熟悉那段歷史的人士描述，一些商業交易常涉及塞滿現金的手提箱。

幸好，奈及利亞的媒體也注意到了。當地的日報指出，特區發展速度緩慢，各種違規行為層出不窮，但承諾的商業發展和就業機會卻沒有實現[8]。在壓力下，奧貢州政府對經濟特區發出一封警告信；後來情況未改善時，又發出一封終止合約的通知書。

在此同時，五十幾歲的韓建新（**Jason Han**）和薛錚（**John Xue**）這兩位中國企業的前高管厭倦了提早退休的生活。韓建新經營過好幾家成功的工廠，如今他的舉止仍像典型的中國工廠老闆，喜歡直接動手做更勝於侃侃而談。薛錚比較善於社交互動，韓建新較為沉默寡言。薛錚是一九七〇年代少數在美國取得MBA學位的中國人，後來回到中國，幫助可口可樂（Coca-Cola）和傑克丹尼（Jack Daniels）在中國開發了極為成功的事業。

韓建新和薛錚第一次得知奧貢廣東自由貿易區，是從中國的有關當局那裡聽來的。他們覺得那是不錯的投資機會，廣東省政府安排他們去實地參觀。那次為期一週的奈及利亞之行，是他們第一次造訪非洲。他們到那裡時，奧貢州政府驅逐了腐敗的中國管理公司，因為該公司導致當地走私猖獗。廣東的官員急需為那個園區派任新的管理者，他們認為韓建新和薛錚有潛力扭轉現況，所以請他們接手掌管。幾週內，他們兩人就決定跳脫退休的生活，搬到奈及利亞，管理那個區域。

韓建新和薛錚面臨的關鍵任務之一，是想辦法整頓海關的亂象。誠如他們所述，他們斷然拒絕行賄，但他們也不天真：多年來，他們常為了取得例常的許可證及其他的官方許可，而與中國各部會的官員打交道，所以深知他們需要提供某種具體的獎勵給海關官員。但是該提供什麼才不會違法呢？他們的答案是：如果不是錢，那只能給予對方肯定，以及因合理的肯定而獲得的權力。他們和當地的海關官員坐下來開會，並向對方承諾：只要海關官員老實地營運，他們會讓那個特區變成奈及利亞最大的海關收入來源。只要締造那樣的紀錄，官員肯定可以升官。

海關同意了。短短三年內，那個區域的營運已經超越韓建新和薛錚的預期。截至二〇一五年，那裡每個月的關稅收入逾三百萬美元，成為奈及利亞最大的「非石油」關稅收入來源[9]。那位老實經營海關的官員，後來被拔擢到奈及利亞海關總局的領導高位。接任他位置的新人也沒有收賄的念頭，薛錚笑著跟我說：「我們那區的海關職位，變成大家夢寐以求的升遷跳板！每個人都知道，你接下那個位置後，只要不亂搞，踏踏實實地做事，就能升官。」短短幾年內，原本殘破不堪的組織起死回生，那裡的文化也轉變成依靠健全的誘因運作。

截至二〇一六年的年中，在韓建新和薛錚管理的四年內，那個特區不僅清除了非法走私，也吸引了二十四家合法的企業進駐。那些企業總共僱用了四千五百人，其中除了兩百人以外，都是當地的雇員。為了對該區的公司提供更好的服務，他們設置了每週七天、每天二十四小時的全天候供電設施，那在電力吃緊的奈及利亞很罕見。

我們可以從這個實例得到兩個啟示。首先，無論一個地方機構有多殘破，當地仍有其他正常運轉的機構。在這個例子中，當地媒體和州政府都試圖追究奈及利亞海關的責任並遏制其惡行。這就像林奇那套肯亞觀點的奈及利亞版本：當一個地方機構變成障礙時，希望依然存在。無論開發中國家的某個機構有多少缺失，它都不是孤立存在的，而是整個體系的一部分，那個體系可以產生內部改革的壓力。

第二，制度不是以完整的形式出現，必須透過「使用」才會存在。也就是說，儘管有些開發中國家的制度看起來問題重重，公司仍要有意願參與其中，去使用那些制度。這種說法不是要為那些收賄或逃避責任的政府官員或助長那些糟糕行徑的中國企業開脫。無可否認，這個主張確實帶有風險：誠如奧貢廣東自由貿易區前幾年的營運所示，營運者面臨著當地官員腐敗的風險，但營運者若是完全拒絕使用該國的制度，那也註定失敗。世界銀行的史蒂芬・奈克（Stephen Knack）和史丹佛商學院的尼古拉斯・尤班克（Nicholas Eubank）研究過一種替代方法——亦即西方援助體系繞過當地制度。他們發現「援助者以自己的獨立平行系統來管理援助時，會破壞當地的國家制度。[10]」西方援助者建立自己的系統後，會削弱大眾對開發中國家系統的信任。此外，這種平行系統也會吸走寶貴的人才，奈克和尤班克指出：「援助者繞過國家系統時，常從國家系統『挖走』最幹練的政府官員，去管理他們自己的平行援助系統。[11]」所以，儘管使用不完善的地方制度如同動有風險的手術，但不使用那些制度則必死無疑。

然而，危險的手術畢竟還是很危險，病人可能死在手術台上，或手術剛完成時看起來很好，但日後出現意外的副作用。韓建新和薛錚就是遇到後面的狀況。二〇一六年的年中以前，他們發展得極其出色：他們管理的特區獲得奈及利亞及中國政府的肯定，成為中非合作的傑出典範。但幾個月後，州政府的管理當局突然來到他們面前，指控他們違反海關和移民法，並拘留最高管理者十五天。州政府並未提出具體的指控，但韓建新和薛錚擔心自己的人身安全，馬上躲了起來。他們的資產遭到沒收，失去了該區的全部投資。不過，薛錚表示，他們是幸運的：「在那種情況下，我們能活著離開那個國家已是萬幸。[12]」

究竟發生了什麼事，實在很難釐清。但經過幾個月的調查，並與多個部門溝通後，韓建新和薛錚提出以下的結論：特區發展得愈成功，他們當初取代的那家管理公司愈想回到那裡。那家公司在奈及利亞的州政府內仍有盟友，他們請那些盟友羅織罪狀，以便把他們兩人驅逐出境。

這個實例是否推翻了前述「開發中國家的制度必須靠使用才會存在，並在過程中不斷改善」的說法？那個說法是否太天真了？經歷奧貢廣東自由貿易區的驚魂事件後，我問薛錚的感受，他說：「依然樂觀。」一個理當對非洲制度的改善潛力感到徹底失望的人，竟然展現出完全相反的心態。韓建新和薛錚經歷那次事件後，並未退休回到舒適的中國老家。他們為自己在奈及利亞的不幸遭遇感到遺憾，但現在已經忙著規劃他們在非洲的下一個經濟特區。他們相信非洲的體制有能力產生解決方案，他們也相信自己有能力與那些體制互動，以得出良好的結果。誠如薛錚所言：「對其他人來說，韌性是個名詞；對我們來說，那是一種生活方式。[13]」

要設立監管，有時得先放手讓創新發展

薛錚為什麼那麼樂觀？為什麼他依然相信自己的努力付出終究會有成果，儘管所有的證據顯示情況正好相反？我認為答案在於，他知道美好的結果不見得要靠參與者的良善。成功沒有必要的條件，即使是非常不完美的系統，也可以產生頂級的卓越成果。

為了說明這點，我們來看非洲最成功的創新實例：行動支付。M-Pesa 是肯亞的行動支付平台，無疑也是全球最成功的行動支付系統。肯亞人可用手機上的 M-Pesa 相互匯款，支付多種商品和服務，進行各種銀行交易。因為有 M-Pesa，肯亞的行動支付比美國更加普及。在肯亞，即使是街頭小販，也可能接受 M-Pesa 付款。肯亞總計有一千九百萬名 M-Pesa 的用戶，約占成年人口的百分之七十[14]。肯亞有百分之四十以上的 GDP 是透過 M-Pesa 交易，M-Pesa 光是在肯亞境內的交易數量就超過西聯匯款在全球的交易數量[15]。儘管 Google 和蘋果（Apple）等巨擘吹噓它們線上支付系統的交易量，但全球使用手機付款的人中，每兩人就有一人是使用 M-Pesa 的肯亞人：這

個比例非常驚人，畢竟肯亞人口僅占全球人口的百分之〇．〇〇〇六[16]。

肯亞人是如何破解其他國家所無法解決的問題？關於 M-Pesa 的起源，有兩種主流說法。一種是許多肯亞人想要相信的迪士尼夢幻版本：一位年輕有為的肯亞發明家發現了一種需求，並運用聰明才智，想出辦法來因應那種需求。幾位肯亞人曾為了主張自己發明 M-Pesa 而提起訴訟。也許是因為肯亞人想相信 M-Pesa 是國人發明的，所以即使沒有人確切知道 M-Pesa 的發明者是誰，這個故事版本仍持續流傳。旋・奧秋歐多博士（Shem Ochuodho）是肯亞的議員，他的說法代表了許多肯亞人的心聲：「真正的無名英雄是『發明』mpesa 的大學生——他是發明家，也是創新者！[17]」

另一種版本是類似文青電影節中播放的那種紀錄片，情節令人沮喪，片中顯示大企業和殖民勢力在暗地裡操縱著世界。在這個故事版本中，一家英國公司在英國政府的協助下，發明了這個具代表性的肯亞創新（肯亞以前是英國的殖民地）。這個版本確實有一些事實根據：沃達豐（Vodafone）是一家總部位於英國的跨國手機公司。二〇〇三年，沃達豐的社企事業部提議利用手機來提供金融服務[18]。沃達豐向英國政府提出申請，並獲得一百萬英鎊的補助。沃達豐可以拿那筆補助來開發那個概念，並透過肯亞的子公司薩法利電信公司（Safaricom）來試推方案。

不過，就像多數的實例一樣，真實的故事情節可能介於迪士尼的夢幻版本和令人沮喪的紀錄片版本之間。沃達豐確實提出了充滿前景的點子，但原始的概念行不通。若不是後來有許多肯亞的參與者和機構想辦法重新改造概念，M-Pesa 不可能迅速走紅，並在全球造成轟動。實際上，沃達豐的原始想法根本不是為了服務消費者，它最初鎖定的核心用戶是小額信貸機構，亦即在開發中國家提供小額貸款的組織。這類組織通常具有社會意識，營運類似銀行。沃達豐在肯亞試推這項計畫時，看到肯亞人突發奇想，把它提供的服務扭曲成新的形式——企業用這種服務來支付彼此費用；差旅期間基於安全考量而把 M-Pesa 當成虛擬收銀機——才意識到這種服務可能有龐大的客群[19]。

肯亞機構的影響力，連同肯亞企業老闆的創新行為，決定了 M-Pesa 的成敗。我訪問了 M-Pesa 剛上線時在薩法利電信公司擔任執行長的麥克・約瑟夫（Michael Joseph），他明確提到肯亞政府在 M-Pesa 推出時所扮演的角色有多重要。事實上，他對我提起的第一件事就是：「若是沒有政府的支持，我們**不可能**辦到。無論是從政治觀點或從監管觀點來看，我們都不可能做到這件事。[20]」

事實上，以前世界各地的政府都不願支援行動支付系統，本來肯亞也不例外。M-Pesa想在肯亞試行時，肯亞央行的代理行長不敢做這項爭議性的決策，導致整個官僚體系卡在M-Pesa問題上停滯不前，但有一個人堅決推動它：資訊與通信部的常任祕書長比丹吉・恩德莫博士（Bitange Ndemo）。由於恩德莫來自學界，他覺得即使M-Pesa的推動影響其仕途，他仍可重返教職，所以決定冒險一搏。他直接上奏最高層，親自造訪當時的肯亞總統姆瓦伊・吉巴基（Mwai Kibaki），向總統解釋那個模式。恩德莫記得吉巴基當時問他：「這樣做有什麼好處？」他回答：「這可以把每個人藏在床墊下的現金都逼出來。[21]」吉巴基沉吟半晌後，同意放行，後來的發展是眾所周知的歷史了。

恩德莫告訴我這個故事時，我嚇了一跳。那是發生在M-Pesa推出之前，他怎麼確定那個系統是好的？萬一消費者賠錢，生計受創怎麼辦？他回答時堅稱：「創新總是領先監管。」他把經濟發展的過程比喻成兒童發展的過程：兒童在學習過程中，難免會破壞一些東西。他不怕放手讓公司做實驗，也不怕弄壞一些玩具。在他看來，唯有看到玩具是如何破壞的，政府才能把合適的安全機制設計到監管政策中。事先訂定監管政策，就像專橫的家長，因為怕孩子擦傷膝蓋而不敢讓蹣跚學步的孩子學走路。錯誤是有助於學習的資料，「我們從每個錯誤中學習。」他堅稱：「我們必須允許自己從犯錯中記取教訓。」

在恩德莫的帶領下，肯亞官僚體系的其他人也勇敢地推動計畫。最重要的是，在M-Pesa的推動初期，肯亞央行認為薩法利電信公司的角色不像銀行，因此決定不對M-Pesa實施銀行監管。這不是因為怠惰，而是一種監管智慧的表現——事實上，央行做出這項決定以前，開了很長的法律審查會議。世界銀行民營發展部門的前副總裁邁克・克萊恩（Michael Klein）稱這種方法為「測試學習型」監管法：在創新初期，央行刻意不對行動支付平台制定限制性的規則[22]，只確保系統中有一面保護消費者的基本安全網，並進行廣泛的作業風險審查，以確定系統能夠處理機密的顧客資料、具備安全特色、能夠通報每筆交易[23]。恩朱古納・恩東古（Njuguna Ndung'u）是 M-Pesa 推出時的肯亞央行行長。我訪問他時，他總結當時的做法基本上是「讓市場發揮作用……開發市場，但一定要評估風險，處理新出現的漏洞。[24]」此外，重要的是，薩法利電信公司可以使用另一種肯亞制度，那是連美國都沒有的：國民身分證。這使得 M-Pesa 在用戶註冊及洗錢防制方面省了不少麻煩。但除了確保顧客安全，肯亞的監管機構不想拿約束銀行的安全措施來約束 M-Pesa。最近擔任聯合國貿易和發展會議祕書長的穆希薩・基圖伊（Mukhisa Kituyi）是肯亞人，他指出：「在央行裡，恩東古有膽識不去理會各大銀行的危言聳聽，以及政府高層的懷疑態度。但是要設立便利的監管，有時需要先放手讓創新發展，即使法律規範仍付之闕如。[25]」

如果你覺得這個發展過程聽起來很熟悉——等待並觀望，有意願實驗，一邊做一邊制定規則——那是因為確實如此。M-Pesa 的真實故事不僅攸關個人創新和企業創新，也攸關制度創新。那是所有的層級彼此互動、設定有益的限制，一邊實驗一邊播撒新點子的結果。這就是「發展」（development）發生的方式——不是一開始由某個援助計畫先進行規劃及制定策略，而是自己冒出來的，並在每個轉捩點出現不可預測的轉型。任何肯亞人都無法在 M-Pesa 剛推出時，想像它會變成怎樣。歷史顯示，沃達豐的原始概念並不是後來讓 M-Pesa 一炮而紅的概念。肯亞的監管機構當然不可能自己創造出 M-Pesa，那是它們互動下的產物，它們在互動的過程中改變了產品、公司和相關的法律。每個參與者、公司或機構都不完美，但它們已經夠好了——足以打造出全球最好的行動支付系統。

值得一提的是，在另一個領域（亦即美國商業界），這個策略稱為**轉型**（**pivoting**），而且大家已經普遍接受這個概念，連哈佛商學院也把它列為必修課程的一部分。儘管矽谷把這種靈活應變的經營方式奉為圭臬，但開發中國家仍對此抱持懷疑的態度。在開發中國家，發展機構仍強調一開始就制定預期性的策略，並仔細規劃策略的執行。

這樣做的部分原因在於，人們在反思歷史時，往往比創造歷史時更為清醒。成功的發展故事有一大特色：大家回憶起那個故事時，看到機構以正確的方式審慎地行事。然而，那個故事在歷史上發生時，當下其實沒有人確切知道自己在做什麼，他們只要把情況變得夠好，過得去就行了。中國就是很好的例子：誠如哈佛大學甘迺迪學院的中國學者托尼・賽奇（Tony Saich）所言，中國大體上一直是以「蒙混過關」的方式發展。他指出，中國的中央計畫經濟之所以異於蘇聯失敗的計畫經濟，關鍵在於中國政府「有配合多變的環境積極調整的卓越能力」，而且「體制有實質的調整」[26]。中國有許多改革或創新，最初只是在偏鄉進行的一次性古怪實驗，例如以前允許農民向經濟特區出售過剩的產品，以及如今已成為中國經濟模式代名詞的多種創新。賽奇寫道：「與許多媒體報導及普遍觀感相反的是，中央政府並未全面掌控整個體系，整個官僚體系和地方政府都有明顯偏離中央政策的現象。[27]」後來中國的崛起引起舉世矚目後（有史以來成長最快的國家），大家回顧過程時，以為政府肯定早就知道自己在做什麼。

不僅中國如此。許多西方國家也是採用同樣的方法，而且效果顯著。奧地利、比利時等歐洲小國在二次大戰後有段時間很窮，人均GDP只有美國的一半。它們以自助式的調整方法跟公司及工會合作。誠如政治學家彼得・卡贊斯坦（Peter Katzenstein）所言：「歐洲小國不斷地即興發揮」，採用「靈活應變、漸進的」經濟發展策略[28]。一九八二年，那些國家的人均

GDP和生活水準都超越了美國[29]。

如今我們看到奧地利這樣的國家，很容易以為它面臨的問題應該比肯亞還少。肯亞一直以來持續面臨種族緊張的局勢，二〇〇七年又爆發選舉暴力衝突。但我們忘了，二戰剛結束時，獲勝的同盟國認為奧地利仍抱著極端的種族主義，不值得信任，因此禁止奧地利在國內建立汽車工業[30]。美國特別擔心，萬一准許奧地利人擁有汽車工廠，他們可能把汽車工廠改造成炸彈工廠，再次發動戰爭[31]。別的國家並未受到這樣的待遇，即便是殘留著墨索里尼法西斯主義的義大利，或殘留著希特勒納粹主義的德國，也沒受到如此的對待。直到現在，我們回首奧地利兩個世代的繁榮與和平，才相信它的本質是《真善美》（*The Sound of Music*）電影中呈現的那種詩情畫意的阿爾卑斯山風情。總有一天，當非洲走向繁榮與和平，世世代代皆如此時，我們談起肯亞和奈及利亞，也會講述同樣的快樂神話。

失敗不是終點

二〇一六年，在奈洛比的某個寒夜，穿著俐落套裝的男男女女拿著印有「肯亞製造」的彩色標牌讓攝影師拍照，這些人都是來自肯亞政府及商業界的精英。他們吃著小點，交換名片，接著在一個耀眼炫目的會議廳裡坐了下來。中國駐肯亞大使與肯亞的教育部長一起坐在前排。一排攝影師占據了中間的通道，他們的鏡頭對準一個蓋著深紅色布片的台座。負責中航國際肯亞事業的中國男子以及來自肯亞教育部高層的一位肯亞女子站在一起，他們的背後有個標語寫著「夢想並創造你的未來」。他們一起用力拉下那塊紅布，揭開台座上的東西：一塊紀念「中非工業技能升級中心」（Sino-Africa Industrial Skill Upgrading Center）創立的牌匾[32]。這個光鮮亮麗的正式名稱，其實代表一個簡單的概念：青年培育中心。

兩年前，我提早承認我們的青年發展方案失敗。兩年後，事實證明我大錯特錯。在我放棄尋求肯亞的機構來支持我們的專案後，當初我們拉攏的中航國際仍持續推動培訓勞工的新方法。在TSC從中作梗導致我們的方案受挫後，一些曙光陸續出現。那些線索中，KTTC的概念證明是可行的。在教育部的支援下，中航國際決定與肯亞主要的技職教師培訓機構合作，徹底更新設備，也翻新課程。

對中航國際來說，這不是慈善事業，而是促進社會公益的商業使命。我採訪中航國際的肯亞事業負責人錢榮（Qian Rong）時，他為中航國際持續參與技術教育，提出了兩個理由：「第一，中國在技術教育方面有競爭優勢，這是中國從農業社會轉型為製造業社會的原因。第二，把技術教育帶來這裡，不僅有利於敝公司的長期獲利，也對非洲有巨大的影響。[33]」中國企業家抱持的典型態度是：對非洲有影響是好事，但他們之所以幫非洲的制度運作得更好，真的只是著眼於利益，不是什麼溫馨友善之舉。但我覺得，正因為這些做法如此的務實，青年培育中心更有機會持續地營運下去。

無論動機是什麼，培訓中心終於成立了。儘管我很悲觀，但中航國際的管理者以及與他們合作的肯亞教育部夥伴始終保持樂觀。儘管我覺得局勢沒有前景，但他們是以一種有創意又靈活的方式來看待局勢。或許是因為中國企業不久前才在中國本土創造了許多對現代資本主義經濟很重要的體制，所以中航國際那樣的企業也以同樣的耐性和樂觀來建立開發中國家的機構。這些公司證明了，中國企業確實可能和非洲的現有機構合作、共同創新，以產出它們堅信可能實現的結果。而且不少人預期，在地的機構能夠迎向挑戰。失敗不是終點，挫折會帶來另一次實驗，遭到拒絕只是另一場對話的起點。

第八章

「如果我們能辦到，這個地方肯定也可以」

索尼雅是個骨瘦如柴的十四歲少女*，住在納米比亞（非洲西南部的國家）一個乾旱、多沙、長期貧困的地區，習慣把頭髮編成辮子。

我在納米比亞鄉下的公立中學任教時，她是我的學生。她需要引起我的注意時，會凝視我一段時間，然後對我露齒而笑，接著才輕聲叫我：「孫老師。」那聲音輕到跟耳語差不多。她咯咯發笑時，會以手背捂住嘴。她不是我教過最好的學生，但也絕對不是最差的。她很用功，有時我出的作業特別難時，她會在放學後輕輕敲我的門，靦腆地問我能不能再解釋一遍給她聽。

某天，我上課時，校長突然來到教室邊，他那魁梧的身形占住了整個門框，影子投射在我正在寫字的黑板上。我心頭一驚，因為上課時間校長鮮少離開辦公室。我跟他一起走到校園的庭院中。

他說，索尼雅的母親過世了。

一瞬間，我的頭腦變得既清晰又模糊。我清楚記得自己設法冷靜地走回教室，彎下腰，輕聲地叫索尼雅跟我一起到教室外。但我不記得幾秒後究竟是誰先開口及說了什麼，她沒有哭。

這時需要有人送她回家。上學時間，校長不能離開校園，所以我帶她去搭我的車，開著蜿蜒漫長的沙路，送她回家。

沒有人告訴我索尼雅的母親死於什麼疾病。在納米比亞的北部，這裡的死因幾乎一定跟愛滋病有關。我們那個村落有五百多人，幾乎每個週末都有葬禮。當地的醫生告訴我，他認為納米比亞這區的愛滋病感染率是百分之四十。全球有百分之七十的愛滋病患和百分之八十八感染愛滋病毒的兒童生活在非洲大陸[1]。許多可治療的疾病也是在非洲的發病率最高，那些疾病比較算是十九世紀的疾病，而不是二十一世紀。全球百分之七十九的結核病病例和百分之九十的瘧疾病例發生在非洲[2]。全球五歲以下因可預防疾病而死亡的孩童數中，非洲占了全球總數的一半。全球死亡的孕婦人數中，也有一半以上發生在非洲[3]。每年，有三十萬名非洲兒童因乾淨用水中缺乏溶解的補液鹽而死於腹瀉；還有四十七萬三千名兒童因缺乏基本的抗生素而死於肺炎[4]。我認為，在每個統計數字的背後，都隱藏著無數個索尼雅，顯然非洲的公共衛生危機是對世界的一種過分摧殘。

那天，我驅車前往索尼雅的住處時，我們還沒到門口，就聽到婦女們奇

*易名以保護隱私。

怪的哭嚎聲。她的阿姨、表兄弟姐妹、鄰居都聚集在茅屋外，坐在裸露的地面上。那些婦女哭著哼唱傳統的歌曲，那是一種旋律曲折的悲歌。我和索尼雅在樹下找到一個陰涼的地方坐下來，她終於哭了起來，我除了抱著她一起哭之外，幫不上什麼忙。

面對那種無情的痛苦，感覺如此的貼近，我卻一點也幫不上忙。從此以後，那種無力感一直縈繞著我的生活和職業生涯。寫這一段的目的，不是為了把非洲塑造成老掉牙的刻板印象（一個遭到貧窮與疾病破壞的「絕望大陸」），而是為了確認非洲的多元面向。很不幸地，前述狀況（非洲小孩的母親死於已有療法的疾病）仍是非洲的現況。認真探討非洲未來的任何書籍，都必須正視這個現實。全面評估中國投資對非洲的影響時，不能忽視非洲人民和社會的需求。當我們質問投資可能開啟哪些可能性時，不僅應該問到投資對工人、地方企業、政府的可能性，也應該問到投資對窮人、病人、弱勢的可能性。中國在非洲投資的發展結果會是什麼樣子？以前世界如何對待索尼雅那樣的家庭？如果中國企業幫非洲實現工業化，情況會有什麼不同？

非洲的公共衛生危機

在過去那個世代，面對索尼雅以及納米比亞北部社群那種案例，全球各界把它們視為一大緊急狀況：愛滋病毒、瘧疾和其他疾病是折磨人類的禍害，我們需要在更多母親死亡及更多孩子成為孤兒之前，儘快制止那些疾病的傳播。一九九〇年代開始，一個由西方政府和慈善家所組成的聯盟，本著這種精神，把全球最貧困地區的傳染病列為全球首要議題。二〇〇〇年聯合國制定的「千禧年發展目標」就是這類倡議的最佳實例。「千禧年發展目標」是聯合國發起的全球願景，那也是發展議程第一次把社會服務（醫療和教育）擺在傳統要務（促進外國投資和提供基礎設施）之前。當時大家認為，在嬰兒大量死於愛滋病的年代，爭論產業政策和關稅水準不僅晦澀難懂，也不太人道，還有什麼事情比拯救無辜生命更重要的呢？對美國國際開發署（USAID）和英國國際發展部（Department for International Development）等援助機構，以及蓋茲基金會等強大的新興慈善組織來說，非洲的公共衛生危機不僅是非洲的緊急事件，更是全球的緊急事件。那些開發中國家的政府再也不能把外國援助的資源浪費在考慮不周的經濟成長計畫上。既然有許多非洲的母親和兒童因缺乏簡單的醫療照護而喪生，幫助他們應該是當下最重要的事。

於是，這些組織重新改組，並振興了老舊的全球發展體制。他們籌集了創紀錄的資金來購買基本的藥物與疫苗，並成立一批新組織來管理那些資金。全球基金會（The Global Fund）撥了三百多億美元去對抗愛滋病、結核病和瘧疾；全球疫苗免疫聯盟 GAVI 也撥了七十億美元，為開發中國家的兒童提供疫苗接種[5]。也許最引人注目的，是耗資六百三十億美元的總統防治愛滋病緊急救援計畫（President's Emergency Plan for AIDS Relief，簡稱 **PEPFAR**）。**PEPFAR** 是在布希總統（George W. Bush）任內成立的，並在歐巴馬總統（Barack Obama）的任內延續下去。那是史上針對單一疾病的防治投入規模最大的醫療照護計畫[6]。於是，全球衛生資源群集在這些超大型的全球計畫金庫中，並由位於歐美的總部來統籌管理。相較之下，開發中國家的衛生部和藥物管理局的資金和決策權顯得愈來愈微不足道。

這些由西方政府和慈善家所組成的強大聯盟，他們的首要關注重點是崇高的：盡可能迅速地挽救許多生命。雖然公共衛生的結果是由許多因素所決定，包括取得醫療照護的機會、一般基礎設施、教育水準、社會和文化態度等等，但不可否認，許多開發中國家需要更多、更好的藥物。想要以低價迅速取得大量的藥品，最明顯的策略是向全球的大藥廠採購。印度是非洲藥品的主要來源，印度可以最低的單價提供非洲許多必要的藥品，包括抗愛滋病毒的藥物。全球衛生組織與這些低成本的藥廠簽訂採購合約，有些情況下甚至還承諾購買未來研發的藥品。這種做法很聰明：保證未來需求可以讓藥廠投資擴廠，進一步降低藥品的單價。在這種雙贏的情境下，藥廠可以增加獲利，衛生組織可以用同樣的資金來治療更多的病人。因為有這些努力，低收入國家每名愛滋病患者每年的治療費用，從一九八七年的一萬美元，下降至今天的一百五十美元[7]。

這些藥品採購方案只是史上最協調、最有紀律的援助計畫的一個面向。面對援助計畫的每個面向，全球組織都是採取理性行動的模式：它們聚在一起，研究問題，決定合理的做法，確定誰做什麼，並追蹤結果。它們研究多少人需要治療，並計算治療費用，也找來美國前總統柯林頓（Bill Clinton）

和U2主唱波諾（Bono）等代言人來幫忙募資及宣傳。它們為一些國家制定計畫，清楚規劃地方政府在消滅傳染病方面該做什麼，還設計了全球記分卡，有效地根據這些國家實踐計畫的績效來評分。它們為減少重大疾病所造成的死亡人數，制定了遠大的目標，並嚴格要求每個人為目標的實現負責。

這樣做確實奏效了。這種以緊急狀況為重、以拯救生命為目的的方法，確實發揮了應有的效果。在過去二十年間，新的愛滋病毒感染病例下降了百分之三十五，與愛滋病毒有關的死亡人數也減少了百分之四十一。八十三個國家阻止或扭轉了愛滋病的傳播[8]。從二〇〇〇年到二〇一三年，全球在醫療上投入的心力，使三千七百萬人免死於結核病[9]。兒童死亡的人數減少了一半，產婦與孕婦的死亡人數也減少了百分之四十五——在人口迅速成長下，這兩項數據可說是兩大成就[10]。這些都是驚人的數字，也是值得驕傲的數字。人類的影響深不可測，無法估量：想到有多少孩子因此迴避了索尼雅經歷的一切，就令我驚訝不已。我回想起那可怕的一天，想到這些努力雖然無法改變索尼雅的遭遇，但確實影響了其他家庭，不禁感到慶幸。誠如美國前國務卿約翰・凱瑞（John Kerry）所言，全球衛生組織過去二十年來的努力「實際上代表著人類精神的勝利」[11]。

看似良善，卻無意間摧毀了一個市場

這個勝利有什麼代價嗎？如果有，是誰為此付出了代價？我們需要提出這個問題，不是為了貶抑這個巨大的成就，而是為了讓這項成就持久延續下去。唯有瞭解這場勝利的代價，以及誰為此付出代價，我們才知道這場勝利可能持續多久，以及如何讓它永遠延續下去。

以全球衛生組織對非洲採用的方針來說，目前最明顯的輸家是非洲的製藥業，這實在很諷刺：儘管這些藥廠營運的地方是對「抗愛滋病病毒藥物」及其他多種藥物需求最大的市場，但非洲的藥廠大多規模很小，營運搖搖欲墜，瀕臨倒閉。衣索比亞有一億人口，但全國只有九家藥廠。相較之下，德國有八千一百萬人口，卻有近一千家藥廠[12]。此外，衣索比亞的藥廠品質不良：二〇一五年，一項研究針對衣索比亞的八家本土藥廠進行評估，結果發現僅兩家藥廠符合優良製程的全球標準，而且沒有一家藥廠生產世界衛生組織認證的優質產品。在滿分一百分的評量中（一百代表「完全符合全球品質標準」），那八家藥廠中就有六家的得分是五十或更低[13]。

整個非洲大陸的情況也好不到哪裡去。除了收入中等的南非以外，很少非洲國家有好幾家藥廠，而那些確實存在的藥廠就像衣索比亞的藥廠一樣，大多品質不良。肯亞可說是東非製藥業的領頭羊，但國內只有約四十家藥廠，大多規模很小、效率不彰，只有一家符合世界衛生組織的優良製造品質標準。在坦尚尼亞，當地的製藥業在過去十年間不僅沒有成長，還陷入萎縮：世界衛生組織的一項研究發現，在一籃子常見的藥物中，二〇〇六年約有百分之三十三是本地製造，但二〇一二年僅剩百分之十二是本地製造[14]。在西非，奈及利亞是藥廠密度最高的國家，約有四十家藥廠，但那些藥廠也是規模很小、效率低落、品質不良，目前沒有一家符合全球的優良製造品質標準。

更重要的是，那些本土藥廠之所以規模小又不符合品質標準，正是全球衛生機構在非洲處理公共衛生的方式所造成的。全球衛生機構基於人道立場，想盡辦法想要拯救許多性命——以最低價從印度購買藥物——但此舉導致非洲藥廠陷入一種永遠無法成長的草創狀態。由於非洲藥廠的規模很小，單位成本高，所以外國援助者不會向它們採購藥物。援助者不向它們採購，又從國外進口大量的藥品到非洲國家，而非洲藥廠也無法證明擴廠營運是合理的做法（擴廠可降低產品的單價），所以援助者在追求崇高目標的過程中，牽制了非洲藥廠的發展。

意識到這點很難，思考整個來龍去脈也令人不安。我們想聽簡單的故事，希望故事裡黑白分明，有純粹的英雄，也有純粹的壞蛋。所以，當我們發現善舉卻衍生出不好的後果時，大腦便覺得難以接受這樣的結局。這不是一個單純的故事，故事的好壞結局都是真實的。過去一整個世代，全球衛生機構在非洲投入的心血，迅速又確實地為人類減輕了可怕的痛苦，那確實代表「人類精神的勝利」。然而，它們也在無意間摧毀了一個市場，削弱了一個理當蓬勃發展的非洲產業。

非洲製藥業的發展受阻，即使沒有釀成其他的成本，但肯定衍生了其他的風險。首先，疾病不是靜態的，也不是均勻分布的。疾病不斷地進化與變異，以新的方式攻擊人體。二〇一四年，伊波拉病毒（Ebola）突然出現在西非時，大家覺得疫苗或療法都不太可能迅速出現。當時伊波拉疫情嚴重的國家中，沒有一個國家有製藥業，它們不得不依賴外國藥廠迅速提供一些藥方。在隨後的恐慌中，跨國藥廠因長期忽視那些主要衝擊開發中國家的疾病而遭到嚴厲的批評[15]。然而，只要非洲持續依賴外國公司取得藥物，當地疾病的相關研究以及新疾病爆發後的因應速度，一定會有不足的現象。目前全球衛生機構以簽約採購大量藥物的方式來降低成本，這樣做對我們熟悉的疾病發揮了不錯的效果，但是對那些尚未出現的疾病則毫無效用。少了非洲藥廠在本土進行研發，非洲患者只能從外國藥廠的研究專案繼續撿拾剩餘價值。

此外，無論外界的立意有多麼良善，它們能做的畢竟還是有限。西方政府和納稅人對於持續為非洲的醫療問題買單，抱持著愈來愈謹慎的態度——在援助圈中，這種現象稱為「捐助疲乏」（donor fatigue）。無國界醫生（Doctors Without Borders）做過一項詳細的研究，該研究發現，總統防治愛滋病緊急救援計畫、世界銀行、聯合國的機構都決定限制、減少或收回它們在愛滋病治療方面的支出[16]。就某些方面來說，從那些專為西方捐助者及大眾所設計的非洲愛滋病和其他健康危機的相關描述來看（「這是緊急狀況，趕緊放下一切，快跑來幫忙」），那樣的結果是可以理解的。如今，在援助近二十年後，原本的快跑演變成馬拉松。即使沒有經濟大衰退所造成的經濟壓力，當原本以為一次付清的帳單卻年復一年地寄來要錢時，西方社會出現捐助疲乏也就不足為奇了。西方各界支持全球衛生機構的信念正在萎縮的同時，全球衛生機構運作的方式削弱了非洲的衛生保健業——這導致捐助者離開後，非洲本土的衛生保健業無力自行擔負起責任。

儘管一些主要的捐助者正在檢討他們自己建立的模式，但「大方向的思維正在改變」，世界衛生組織的丹尼爾・博曼（Daniel Berman）告訴我：「例如，全球基金會意識到，這種堅持以最低價進行全球採購的制度有其侷限性。若想從捐助者資助的健康方案轉變成國家資助的健康方案，國內有藥廠確實很重要。在地產業可以大大提升政府把衛生保健視為優先要務的機率。[17]」換句話說，除非我們假設非洲需要拯救的生命都能夠（且應該）由海外的行善者無限地救援，否則非洲國家應該要發展本土的製藥業，並讓它蓬勃發展。「拯救生命」這個議題，不是我們應該拋下其他要務、趕緊去處理的緊急狀況。它和非洲的整體經濟息息相關，尤其和本土製造業更是緊密交織在一起。

痛苦的權衡取捨，是為了達到比拯救生命更長遠的目標

在哈佛大學的甘迺迪學院，碩士班一年級學生必修的倫理課中有一個難題：「假設你走過一個池塘，看到一個孩子溺水了。但你那天真的很忙，有很多事情要做，你會停下來救那個孩子嗎？」

答案顯而易見。面對如此嚴重的緊急狀況，不停下來盡力拯救生命，可說是最嚴重的道德瑕疵。

那個難題接著又問：「但假設你每天都會走過池塘，每天都遇到一個溺水的孩子，你還是很忙。你不每天停下來拯救孩子，那算不道德嗎？」

這個問題突然間變得棘手起來。緊急狀況的本質之一，在於它不常發生——這也是它異於日常討厭事物的地方。但是，一種不合情理的狀況要多常發生、可預測性有多高，才會讓人覺得那是生活常態，應該跟其他的日常事物一樣，受到同樣的經濟和政治規律所規範？某種程度上，我們需要把它重新分類：這不是緊急狀況，而是結構性的不公平。緊急狀況需要比較窄的聚焦，擱下其他一切，馬上著手處理；但結構性的問題需要全面的調查，解

決辦法不是每天不加思索地跳進池裡拯救孩子，而是檢討是什麼社會及經濟力量導致這個問題一再發生，並判斷哪些社會和經濟力量可以用來持續解決這個問題。所以，問題不再是：「我該跳下去救人嗎？」，而是「為什麼那個池塘裡每天都有小孩溺水？是誰或什麼因素導致那種情況？我們可以教孩子游泳嗎？」

這些問題不容易回答，更遑論深入思考了。然而，如果非洲人真的想要提高生活水準並改變生活軌跡，他們自己和那些立意良善的全球發展機構都必須正視這些問題。歷史顯示，解決公共衛生問題還有另一種方法：不是把它視為緊急狀況，而是把它視為迫切的事情；不是把它視為慈善活動，而是把它視為產業；不是以扭曲當地市場的方式來解決，而是以發展當地市場的方式來解決。

中國和印度就是兩個很好的例子。一個世代以前，中國比許多非洲國家還窮的時候，政府提供廉價的土地和賦稅優惠以培育本土藥廠。結果，一九八〇年到一九九九年間，本土藥廠的數量成長了近十倍，從六八〇家增至六三五七家[18]。一九四七年，印度獨立時，印度國內的用藥有百分之八十到百分之九十是西方跨國藥廠製造的[19]。到了二〇〇〇年代初期，那個比例已經完全顛倒過來：印度有百分之九十的用藥是國內生產的[20]。

更驚人的是，這兩個國家都否決了看似無可非議的緊急做法：儘快拯救許多生命。中國和印度不是只把焦點放在公共衛生的目標上，而是想辦法兼顧多種社會和經濟目標。對中國來說，創造就業機會及促進本土產業的健全發展是首要之務。它們之所以投資藥廠，往往是因為省級政府和地方政府亟欲從這個高成長的產業（以兩位數的成長率成長了二十年）分一杯羹[21]。這個體制中隱含了對低劣品質的容忍。多年來，國內的監管標準比全球的製造標準還要寬鬆，有時也不會嚴格執行現有的標準[22]。直到很久以後，中國藥廠營運有成時，政府才開始提高品質要求，藉此強制產業的整合並鼓勵創新。中國政府大可運用西方援助者套用在非洲的邏輯，從國外進口更便宜、品質更好的藥物，以挽救更多的性命。但它沒有那樣做，因為它的目標不只是拯救生命而已，還有提供就業機會及培育國內市場。這也是一種「短期 vs. 長期」的權衡取捨：儘管扶持一個國內產業站穩根基時，可能會有更多的生命消失；但是等那個產業成熟後，可能會有更多的生命獲救。

對印度來說，支持國內產業和拯救生命一樣重要。一九七〇年，印度通過一項肯定製程、而不是肯定藥物實質成分的專利法，基本上就是允許藥廠對專利藥物進行逆向工程，只要藥廠使用不同的化學合成流程，就可以生產藥物。可想而知，外國藥廠因此退出了印度市場，導致印度失去許多創新藥物。但結果是，國內藥廠因此囊括了市場，並學會如何成為全球最有效率的學名藥（亦即仿製藥）製藥廠[23]。後來印度為了加入世貿組織，廢除了製程專利法，但直到今天，印度政府仍使用強制授權及其他的監管措施，來阻止跨國企業侵蝕國內藥廠的利益[24]。印度往往也會延後引進外國藥廠生產的救命疫苗，讓印度藥廠先研發自己生產疫苗的方法[25]。印度政府雖然可以選擇現在就拯救生命，但代價是導致本土藥廠失去醫療保健的部分市場。所以印度政府持續拒絕那樣的選擇，積極鼓勵國內的醫療保健業發展，以期在未來挽救更多的生命。

這是痛苦的權衡取捨。我們必須體認到，中國和印度的政策往往導致民眾在短期內死亡，因為藥物昂貴、不安全或無法取得。但無論工廠在哪裡大量出現，它們都促成了新的可能性——新的就業機會、新的財富來源、新的社會結構。我們大多忘了發展的經驗，忘了發展必然伴隨著這種可怕的取捨。我們想要「感覺良好」的發展，但貼近觀察時常發現，當下的選擇是醜陋的，令人心碎。每個已經工業化的國家都做過那些寧可不再想起的選擇，也經歷過愈來愈多的痛苦，例如違反勞動法規、安全醜聞、環境惡化等等。但每個工業化國家的人民壽命也明顯變長了，並維持在那個水準上。畢竟，讓人民延年益壽不正是公共衛生的意義所在嗎？

高估實力、勇於嘗試，否則困難之事永遠無法達成

如今幾個勇敢的非洲國家正努力改變它們結合醫療保健和工業發展的方式。它們開始主張，以本土的製藥業作為國家優先發展要務的重要性。南非是全球愛滋病毒感染病例最多的國家，目前正努力探索抗愛滋的活性藥物成分，以減少對外國藥廠的依賴，因為依賴外商常導致週期性的藥物短缺[26]。肯亞已是東非製藥業的領頭羊，目前正在制定一項國家計畫，以鼓勵國內擴大生產[27]。

不過，在開創國內製藥業方面，找不到比衣索比亞更努力推動的國家了。衣索比亞是非洲人口第二多的國家，目前使用的藥物有百分之八十仰賴進口。這不僅在取得基本藥物方面是一大問題，也大量耗用外匯存底[28]。二〇一五年七月，衣索比亞政府高調地公布了一項國家策略，目的是迅速開發穩健的國內製藥業。那樣做是為了引起各界關注、造成轟動：記者會上是由國家副總理宣布策略，多位部會首長及外國政要（如非洲聯盟的主席及世界衛生組織的總幹事）都出席了會議[29]。衣索比亞政府在這群重要人物的面前，設下了宏大的目標：五年內把衣索比亞國內製藥的比例從百分之二十拉升至百分之六十[30]。值得注意的是，衣索比亞政府放棄了過去二十年來全球發展機構依循的原則（刻意區隔公共衛生目標和產業發展目標），明確地「讓公共衛生政策的目標呼應產業發展政策的目標」[31]。衣索比亞的衛生部長指出，地方製造業的發展對地方經濟和公共衛生同樣有助益：它將促進基本藥物的取得，也培養本地業者為本地衛生問題開發解決方案的能力。

當然，這是很難的目標。以精美的手冊宣稱自己可能做到什麼是一回事，真正去實踐又是另一回事了。我去訪問卡地爾・塔西爾・哈哥斯（Kedir

Tahir Hagos）時，這點變得很明顯。哈哥斯負責領導衣索比亞的製藥業落實發展策略，他每天穿梭在產業部、衛生部、食品藥物監管局，以及十幾個必須參與實踐的單位之間，想跟他見個面都很難。在他那間空盪又簡陋的辦公室裡，我問他來年的三大要務是什麼。他馬上洋洋灑灑列了九項以上，例如協助當地的藥廠達到良好的實務標準、培養一所專精於製藥法規的大學、把製藥業的獎勵措施編寫到法律中[32]。為了落實這些方案，業者、立法機關、甚至新一代的學生都要發揮作用。及時號召這些人一起合作是相當艱巨的任務。

除了行政及協調的挑戰以外，整個計畫也需要投入大量的資金，那對人均GDP僅五百美元（不到肯亞的一半、只有美國的百分之一）的衣索比亞來說是很大的投資[33]。我訪問的對象中，沒有人能為落實製藥業的發展計畫大略估出一個總成本，但顯然那涵蓋了幾類成本，每一類成本都很龐大。首先，衣索比亞政府準備為本土藥廠提供的藥物支付高出許多的價格。就像許多國家一樣（包括美國），衣索比亞的國內用藥中，有很大一部分是由政府收購。衣索比亞政府決定為本土製藥多支付百分之二十五的費用[34]。這個驚人的決定呼應了中國和印度的做法：給予國產藥品特殊待遇，即使犧牲短期的公共衛生目標亦在所不惜。除了這些直接成本以外，連帶還有一些明顯的間接成本，例如放棄政府收入。至於鼓勵企業在當地投資的誘因方面，則包括免稅、減稅、免稅貸款等等——也就是說，私營企業的擴張計畫中，有很大一部分將由衣索比亞的納稅人買單。

總之，在衣索比亞建立本土製藥業不僅困難，而且成本高昂。有些人可能會覺得這樣做是對稀缺資源的低效運用，浪費窮國的國家預算、納稅人微薄的收入、以及領導高層有限的時間和精力。然而，另一種看法則是把它視為一種賭注，覺得製造業應當可以為一個國家及其人民帶來轉型變革的力量——亦即相信競爭優勢不是上天賜與的，而是靠努力付出及果斷行動得到的。這也表示他們相信，除非至少嘗試一下，否則困難的事情永遠也無法達成。

如果你覺得這種說法聽起來太圓滑，那圓滑其實是有道理的。誠如已故的經濟學家阿爾伯特・赫希曼（Albert O. Hirschman）所言，一定程度的過度自信對經濟發展是必要的。赫希曼從亞當・史密斯（Adam Smith）那套「看不見的手」理論，推論出「隱藏的手」。他認為「隱藏的手」隱匿了難度，讓人因此大膽地投入超出自己認知範圍的專案。他寫道：「隱藏的手可以加快『人類』成功解決問題的速度：因為它承擔起**自以為**能解決的問題，投入之後才發現比預期還難，但由於已經投入了，只好硬著頭皮去處理那些出乎意料的困難，有時甚至還成功了。[35]」這是讓人自立自強的心理動力：當你有過度的自信時，比較可能接受挑戰，並在遇到困難時堅持下去。我們幾乎可以確定，衣索比亞高估了自己打造本土製藥業的能力，但它若是現在就停下來思考重重的難關，那就永遠也不會去嘗試。不嘗試的話，也就永遠不可能成功。阿爾卡貝・奧克貝博士（Arkebe Oqubay）是衣索比亞許多產業發展計畫的幕後推手，他在著作中明顯地引用赫希曼的「隱藏的手」理論並非偶然[36]。

如果我們能辦到，這個地方也行

衣索比亞的製藥業發展計畫之所以可行，有合情合理的論述，但不是每個人都願意付諸行動。二〇一四年，世界十大藥廠之一葛蘭素史克（GSK）宣布它正認真考慮在衣索比亞建立藥物生產設施[37]。多位在國際捐助單位任職的人員表示，葛蘭素史克多次派人前往衣索比亞，提出可能在當地投資設廠的說法。一位熟悉內情的人士指出，每一次政府都「竭盡所能」去迎合葛蘭素史克的要求，想盡辦法讓這家製藥業的巨擘留下深刻的印象。但經過兩年的期待及利誘後，葛蘭素史克決定不在衣索比亞投資，只說市場太小、衣索比亞太窮，至少近幾年內不會在當地設廠。

相反地，中國藥廠把握了機會。我拜訪了中國醫藥及醫療產品製造商「人福醫藥集團」（Humanwell Healthcare Group）的幾位高管一整天。他們接觸非洲的時點跟葛蘭素史克很類似，也是在二〇一四年開始考慮在東非建立製藥廠。但與葛蘭素史克不同的是，人福醫藥集團很果斷。公司高層造訪東非兩次後，就決定建廠。董事會核准兩千萬美元的初步投資，並計劃長期在衣索比亞投入近一億美元的資金[38]。二〇一六年的年中，也就是葛蘭素史克放棄建廠時，人福醫藥集團在衣索比亞的新廠正式破土動工。

人福醫藥集團負責衣索比亞事業的總經理唐育中（Tang Yuzhong）接受

我的訪問時，表現拘謹。他認為公司的全球成長策略、衣索比亞的人口眾多、以及衣索比亞政府對醫療保健的投入，是人福醫藥集團投資當地的理由——換句話說，就是一般的場面話。這讓我有點苦惱，因為面對完全相同的因素，葛蘭素史克決定**不**投資。但無論我怎麼好說歹說，以各種方式旁敲側擊，唐先生的回答依然脫離不了那一套表面的回應。

後來，我們一起去參觀工廠。從衣索比亞的首都阿迪斯阿貝巴開車一個半小時來到鄉下。沿途開了一小時後，我們看到路邊溝渠結了冰，原來不到一小時前，那裡剛下了冰雹。儘管天候不佳，建築工人正努力搭建廠房。兩位中國經理為我們帶來了雨鞋，我們蹣跚地踩著厚厚的泥漿去勘查工地。我問那位遞給我雨鞋的經理，他來衣索比亞多久了。他回答：兩天。我問他住在哪裡，他指向一排低矮的臨時工房。

我覺得這是中國企業願意在非洲投資的真正原因。在場面話之外，他們是真的有意願在非洲的現況下生活，無論可能遇到什麼難關，他們對於打造非洲的未來無所畏懼。當晚用餐時，唐先生吃著熱騰騰的麻辣鍋，終於卸下心防，回憶起他在烏魯木齊成長的童年。烏魯木齊是中國最貧窮、最偏遠的地區之一。他告訴我：「我童年時的烏魯木齊比衣索比亞還窮！」另一位同樣來自烏魯木齊的人福經理也贊同他的說法。他們兩人描述以前的烏魯木齊幾乎沒有現代建築，二十世紀的後半葉，民眾仍住在茅草屋裡。第三位經理也插話附和：「我在湖北成長時，也是住那種茅草屋！」

我們很容易把這種閒話家常的內容，視為老兵彼此較量戰爭的傷疤。然而，他們的談笑反映了更深刻的現實。在這個歷史性的時刻，中國和非洲之間有明顯的共通點。人福醫藥集團之所以認為投資衣索比亞的結構性原因顯而易見（相對地，葛蘭素史克面對相同的事實，卻覺得投資理由不足），是因為開發中國家的投資者比較容易投資在其他的開發中國家。人福醫藥集團已經習慣在中國營運。相較於在英國經商，在中國營運的感覺更接近於在衣索比亞營運。此外，中國企業的產品組合對非洲消費者來說比較有互補性，營運也偏向勞力密集模式，更適合非洲國家。在經濟方面，中國和衣索比亞有類似的要素稟賦（factor endowment）。

同樣重要的是，中國企業僱用了許多願意在艱困環境下堅持奮鬥的人，已開發國家很少有人願意在那種環境下長期苦撐。這些人願意忍受一年不見家人的思鄉之苦，願意下飛機後直接住在鄉野間的泥濘土地上，他們的生活重心就是在這個看似不宜人居的地方蓋工廠。這些企業家和管理者對於「開發」擁有一套無可取代的隱性知識，那是活生生的體驗，任何教科書、捐助大會或發展經濟計畫都無法掌握其精髓。他們把那套知識移植到非洲時，為非洲帶來的效益不僅是金錢上的投資而已。

但或許最重要的是，出現在非洲的中國人（無論是政府官員，還是移民的企業家）都相信，非洲目前的處境跟幾十年前的中國一樣。在他們粗俗生硬的言行背後，認為非洲沒有理由不迅速富強起來。一種普遍的個人意識（中國發展時，每個人的親身經歷），使中國人在推動非洲發展方面異於西方人。他們不先試推專案，不靠非政府組織，也不為發展路徑提出理論，而是直接套用過去三十年來中國自助式發展那一套。

我第一次前往非洲研究中國在當地的投資時，在奈及利亞南部的另一片泥濘地上待了幾天。那裡正要興建工業園區，但是當時完全看不出來工業園區的跡象。踏進宏偉的大門後，走不到五百公尺，柏油路就變成了泥路。那裡沒有電，也沒有水。中國園區的管理人員住在泥路附近的低矮建築裡，他們在灌木叢間找了一小塊空地，就直接搭建了那間狀似倉庫的臨時建築。然而，短短兩年後，那個地方變成了奧貢廣東自由貿易區。儘管最近當地的局勢動盪不安，但那個貿易區仍是奈及利亞「非石油」關稅收入的最大來源，並為當地人創造了數千個就業機會。不過，我第一次踏上那片土地時，很難想像那裡日後會那麼發達。

然而，帶我四處參觀的那個中國人並不像我那樣缺乏想像力，他對非洲的未來充滿信心，他告訴我：「我這一代的中國人非常清楚非洲在中國發展路徑上的位置。這裡跟我三十年前的家鄉一模一樣。如果我們能辦到，這個地方肯定也可以。」

後記

摸著石頭過河

理論上，所有的事情在任何時間點都有可能實現，但歷史是在變革最有可能發生的時點展露契機，這本書就是在描述非洲面臨的契機。現在，隨著中國勞力成本上漲、擁有寶貴實務經驗的中國老闆把工廠遷往非洲、以及非洲人口結構這三股動力匯集在一起，讓我們開始想像非洲很可能成為下一座世界工廠。

然而，如果非洲的工業化是建立在中國投資的基礎上，如今隨著中國經濟發展減緩，非洲的工業化會受到威脅嗎？事實上，中國的經濟成長已經從過去三十年來每年近百分之十的成長率，降至百分之五到百分之七，雖然漲幅仍令人豔羨，但比過去和緩許多。不過，我們有充分的理由相信，中國的經濟成長減緩不會阻礙中國在非洲的投資，反而會加速企業的外移。國內資本報酬率下降，將促使中國企業把資金轉向海外投資。中國的人口老化在中短期內是不可逆轉的，那表示國內原本過剩的勞力已經枯竭，製造業愈來愈有可能移到勞力成本更低的國家。隨著中國的商機愈來愈少，將有愈來愈多的中國人覺得非洲的機會更有魅力。一位在肯亞管理重型設備安裝及維修專案的現場經理告訴我：「二〇一四年中國的國內狀況還不錯，這裡的技術人員常要求我們把各種東西運來非洲，他們的姿態頗高！但現在（二〇一六年），中國沒那麼多就業機會了，他們現在很**乖**，對我們的給薪也很滿意。」中國人常以「乖」這個字眼來形容聽話的孩子。

本書主張的論點所面臨的第二種質疑，是機器人和自動化技術的迅速發展。如果機器人承接了製造工作，廠方就不需要降低勞力成本了，因此工廠沒有搬遷的理由。雖然我不敢以這個議題的專家自居，但我猜想，最熱切主張這種理論的人，可能從未去過勞力密集的工廠，或沒見過那些工廠的老闆。技術上來說，機器也許已經有可能取代人類，但你只要去沈太太的工廠待一天（第三章），就會明白為什麼人力對她那種商業模式依然不可或缺。沈太太每年都要為全然不同的產品風格，改變整家工廠的生產線好幾次。所以，為了製作任一風格的服飾而投入大量的資金並沒有意義。此外，她的利潤微薄，她要去哪裡為那麼昂貴又先進的機器籌募資金？那些危言聳聽的人聲稱自動化將取代人力，但他們忽略了一個關鍵重點：技術的採用是由公司的數百萬個個別決策決定的，那些公司受到價值鏈的需求、資產負債表的融資能力、自身的管理知識所約束。即使它們能以更自動化的方式來生產某種東西，並不表示它們就會那樣生產。麥肯錫最近做了一份自動化的報告，該報告的共同作者詹姆斯・曼尼卡（James Manyika）也得出大致相同的結論：「那需要幾十年的時間。技術專家通常只把焦點放在技術能做到什麼程度，但自動化對就業的影響，不會單純由技術的可行性來決定。[1]」

然而，我們可以合理地指出，成衣業是製造業中的獨特產業：很少工廠需要在那麼短的時間內，展現出那麼高的任務靈活性。絕大多數的工廠是以更大的批次，生產更類似的產品，因此自動化的時機已經成熟。然而，這種反駁忽略了一個事實：多數的工廠其實已經高度自動化了。你走一趟第三章提到的福爾摩沙牛仔布廠，在那片遼闊的工廠裡逛一圈，只會看到幾十個人。也就是說，所謂的機器人時代與之前的時代之間，並沒有明顯的區隔：只要製造業繼續存在，工廠就會不斷地引進節省勞力的新技術。裝配線、精密加工機器、自動線導裝置、電腦數控系統——這些都是廣泛應用在製造業的勞力節省技術。有人可能以為，每次引進這種技術時，製造業的工作就會消失，但事實並非如此。儘管每單位產出所需的人力減少，但人類發明新產品的聰明才智，以及每個人渴望消費更多商品的貪婪心態，確保了製造業產出及工作數量的持續擴張。隨著亞洲和非洲（全球人口的主體）靠這些製造業的工作變得日益富有，它們將會創造出更多的消費需求，繼續為製造業提供動力。

解決老問題的新方法

非洲成為下一個世界工廠的機會，也適逢另一項轉變：隨著西方國家逐漸把焦點轉向國內，中國正日益把目標放眼海外。二〇一三年底，中國國家主席習近平宣布「一帶一路」策略，目的是把橫跨亞洲、歐洲、非洲的舊絲路，改造成一條現代化的貿易高速公路。這項計畫的雄心壯志令人驚嘆：串連全球一半以上的人口及三分之一的全球GDP。二〇一七年一月，美國選出以「美國優先」為競選主軸的川普才兩個月，英國剛公投決定脫離歐盟才六個月，習近平在瑞士達沃斯舉行的世界經濟論壇（World Economic Forum）上，為全球化提出了激勵人心的辯護。當時川普決定讓美國退出與亞洲和歐洲的主要貿易協定，習近平暗指那項行動，聲稱：「搞保護主義如同把自己關進黑屋子，看似躲過了風吹雨打，但也隔絕了陽光和空氣，打貿易戰的結果只能是兩敗俱傷。[2]」

中國是近代史上第一個在全球處於領導地位的開發中國家。這樣的地位也帶來了改造發展的可能性。中國顯然有那樣的意念，也具備了足夠的財力：中國率先推出一千億美元的亞洲基礎設施投資銀行（Asian Infrastructure Investment Bank）和四百億美元的絲路基金（Silk Road Fund），並與其他的金磚國家（巴西、俄羅斯、印度和南非）一起推出一千億美元的新開發銀行（New Development Bank）。這些行動加在一起，可說是一九四四年布列敦森林會議（Bretton Woods）創立國際貨幣基金及世界銀行以來，規模最大的全球發展融資重新洗牌。就其雄心和規模來說，這些新成立的銀行不僅融資能力可能媲美以前的開發銀行，甚至在制定全球議程方面，也有一樣大的影響力。

中國該如何運用這股力量？當中國帶著宏大的策略及立意崇高的新體制站上國際舞臺時，這本書帶給我們的啟示是：真正的發展將發生在其他地方——那些發展將會出現在工廠和商店裡、在破舊的政府辦公室裡、在笨重的工業機具上、在渴望自己創業的男性抱負中、在首度出外工作的女性期待中。真正的發展是一種個體的流程，而不是總體的流程。目前的發展機構若要在前人失敗後開闢出新的道路，就必須把全球發展改造得更謙卑、更有創意、更靈活地因應多變的條件和新興的機會。兩個世代以前，中國率先採用了這種方法，當時鄧小平呼籲中國「摸著石頭過河」——這個建議體認到宏大規劃的侷限性，主張學習及靈活應變更加重要。開發中國家支持的新機構，不該重新創造及擴展僵化的全球發展產業，而是應該建立一種不同的模式，摒棄教條，並反映其漸進式的獨特經驗。

如此一來，非洲的發展不僅可以媲美中國及其他已開發國家的成果，甚至可以青出於藍。在肯亞，我訪問了知名的保育家理查・李奇（Richard Leakey）。他是古人類學家路易斯和瑪麗・李奇夫婦（Louis and Mary Leakey）的兒子，聰明又叛逆，過著連電影明星都為之著迷的冒險生活（安潔莉娜・裘莉曾提過她想拍一部有關理查的電影[3]）。他在非洲發現了圖爾卡納少年（Turkana Boy），那是人類與類人祖先之間的主要化石聯繫之一。除了科學上的成就以外，理查也活躍於政壇，過去曾擔任肯亞的部長，目前是肯亞野生生物服務署（Kenya Wildlife Service）的理事會主席。因此，他審查過一些基礎設施提案對環境的影響。兩年前，肯亞政府與中國路橋建設公司（China Road and Bridge Corporation）簽約，決定在蒙巴薩與奈洛比之間興建一條標準軌距的鐵路。該案提議的路線是直接穿過奈洛比國家公園，那裡有瀕危的大象、長頸鹿、獅子漫步其中。國際保育界立即譴責那項決定，但理查並未妄下結論。他從環境、經濟、人文等多重角度來思考這個問題，他認為這些觀點之間不一定是相互衝突的。

我在他的辦公室採訪他時，他表示：「認為這些國家公園的巨大規模不容橫越，似乎是不切實際的想法。」有些人主張保育必須維持肯亞國家公園的完整不變，但他反對那種觀點。「當保育人士說：『塞倫蓋提大草原（Serengeti）上永遠不該有公路穿越，那裡太珍貴了。』，那些人過著溫飽的生活，有退休金，有漂亮的房子，還享有娛樂活動！」他要求自己從一個欠缺那些保障的人眼裡，看待那一切。「為什麼不思考如何在不威脅環境下鋪設鐵路、公路及開發石油呢？」他的眉毛挑了一下，彷彿在強調那點。他本著那種精神，重新構思保育者的角色，把保育者想成協助開發「巧妙基礎設施」的人，讓基礎設施同時兼顧動物和人類的需求[4]。

理查去找了負責興建鐵路的中國工程師，探索幾種選擇。一種選擇是讓路線繞到國家公園中比較不顯眼的地方。另一種選擇是在地下挖隧道（這個概念後來遭到淘汰，因為擔心挖掘所帶來的助益，遠不如震動對動物的生活所造成的干擾）。真正卓越的創意發想是高架軌道，就像美國州際公路系統的部分路段高架起來那樣。如此一來，火車可以從國家公園的上方經過，動物依然在下方穿梭。

我問理查，中國的建設公司是否拒絕他的提議。他回應：「他們一直很合作，並未因此感到惱火或反抗我們。」他指出，在這個案例中，肯亞政府是發包單位，所以是決策者。中國的建設公司身為承包商和技術人員，非常樂於探索哪些方案更能迎合客戶。但整體來說，他認為非洲和中國的關係對非洲是有益的。他指出：「中國是非洲發展方案的一大要素，不是造成非洲問題的根源。」理查是那種突破傳統的思想家和實踐家，他破解了以往那種錯誤的二分法：非洲利益vs.中國利益、人類利益vs.動物利益、發展利益vs.自然利益。他不怕質疑假設，喜歡以腦力激盪的方式，想出解決老問題的新方法。像他那種創意提案不僅讓非洲更有可能發展，也為非洲發掘出更好的發展方式。

摸著石頭，穿越洪流

我們把焦點從非洲和中國拉開時，會看到這個故事對我們其他人也有意義——它讓我們有機會審視及釐清「發展」究竟意味著什麼。發展不是為了宏大的思想和教條，而是為了在艱難的環境下漸進地改革及發揮創意。儘管理查在最後一個例子中扮演要角，但那種改變不僅需要政府高層及知名領導者的參與，更需要一般人的積極參與。本書介紹的多位傑出人士中，幾乎沒有人把自己定義為「發展」人士。大體來說，他們不是世界領袖、經濟學家、慈善家、援助者，也不是以幫助弱勢為主業的人士。相反地，他們是創業者、管理者、第一線的勞工、奮鬥者、夢想家。他們追求利潤，有時慷慨大方，但通常是追求一己私利。他們的考量有時有先見之明，但通常流於短視近利。他們並不完美，就跟我們其他人一樣，他們目前正處於工業化的洪流中，摸著石頭前進，發現有些石頭是障礙，有些石頭是不錯的立足點。他們想出巧妙的商業模式，為用途看似有限的產品開發出新的功用，以創新的方法來建構組織，在老舊的社會中建立新的生存模式。這一切看起來很不穩定，有時甚至很危險。過程並不平穩，未來仍是如此，但那依然是穿越洪流最可靠的方式。

謝辭

非常感謝我有幸在本書中撰寫的人物，謝謝你們讓我走進你的生活——為我泡茶，帶我參觀工廠，跟我聊得比預期還久一些。你們藉由這樣的非凡生活，正在改造非洲和中國，而我藉由觀察你們、訪問你們、以及某種程度上對你們的理解，也獲得了潛移默化的改造。感謝你們讓我有這個榮幸。

雖然我有幸獲得這些世界上最有趣的素材，若不是我妹妹梅莉（Merry）的支持，這本書也不可能出現。某日深夜，她接到我的電話，讓我有信心想像自己成為作家。某種意義上來說，是她為我開啟了這趟書寫的歷程。在整個過程中，她一直是最有耐心、最體貼入微的讀者。我很幸運能有她作為妹妹和好友。

我有一群美好的朋友，他們與我分享及塑造了這段歷程。特別感謝拉里薩・利瑪（Larissa de Lima）以智慧和關懷孕育出這本書，也感謝她在起起伏伏的過程中對我的包容。高薩・納韋達（Kousha Navidar）用以身作則的方式，激勵我去追求更遠大、更艱難、更有創意的目標，並在辛苦的過程中，以他的誠實和幽默支持我度過難關。蘭若‧阿金特媯（Lanre Akintujoye）為我書中的多次探索提供了第一個基地，連我自己都不知道在探索什麼時，他就對這個案子充滿信心。彼得‧巴克（Peter Buck）一直是我的知己、廚師、娛樂、靈感來源和刺激——他是我最年長、最風趣、最聰明的人生導師，他是真正的原創者。感謝賽門‧海德林（Simon Hedlin）、尼達姆‧赫斯特（Needham Hurst）、吉莉安‧麥克勞林（Jillian McLaughlin）、馬克‧韋伯（Mark Weber）輪流地指導、勸誘及鼓勵我，給我信心、靈感和實際的支持。

本書概念受惠於黛博拉‧布勞蒂甘、卡雷斯圖斯‧朱馬、索非斯‧賴納特（Sophus Reinert）、唐曉陽（Tang Xiaoyang）、貢納爾‧川朗堡爾（Gunnar Trumbull）等人的智慧良多。有機會與如此敏銳、開明、突破傳統的思想家持續地交流想法，這本身就是一大榮幸及樂趣所在。在研究和思想領域之外，我也有難得的機會在專業領域上投入非洲—中國的交流空間。特別感謝珍馨（Jane Xing）和卡提克‧傑亞拉姆（Kartik Jayaram），他們不僅要求我因應世界運轉的現實，也激勵我永遠相信正面改變的可能性。另外，我也要感謝麥肯錫的夥伴和同事，他們不僅在我寫書的過程中包容我，每天也教我一些新事物。

俗話說：「（養育一個小孩）需要舉全村之力。」（意指群策群力）。然而，以我的情況來說，我動用了世界各地好幾個村莊的力量才完成這本書。感謝狄曼吉・班克爾（Dimeji Bankole）、馬克・班奈特（Mark Bennett）、彼得・巴克、黛博拉・威爾克斯（Deborah Wilkes）、傑斯・古德芬（Jess Goldfin）、尚・弗林（Sean Flynn）、馬立歐・拉札羅尼（Mario Lazzaroni）、萬格奇・穆圖（Wangechi Mutu）、布蘭登・李納德（Brendan Lehnert）、露露・王（Lulu Wang）、伊萊亞斯・舒爾茨（Elias Schulze）、約翰・韋納（John Wagner）、凱莉・楊（Kerry Yang）等人，在我走訪世界各地進行研究和寫作時，大方地讓我踏入他們的家門。感謝羅伯・勞倫斯、杜奇・倫納德（Dutch Leonard）、約翰・馬根伯（John Macomber）、但丁・羅斯尼（Dante Roscini）在我讀研究所時，提供務實的協助，為我撰寫本書奠定了學術基礎。感謝馬克・班奈特、盧安冠（Loi Eng Koon）、薩利馬・奧特羅（Salima Otaru）、艾琳・王（Irene Wong）提供了寶貴的人脈及不可或缺的當地知識。感謝妮可・桑默斯（Nicole

Summers）和慕尼亞・賈巴（Munia Jabbar）針對初稿提出考慮周延、通情達理的意見。感謝黛博拉・布勞蒂甘和李一諾（以及兩位匿名的評論者）針對後面修改過的文稿，提出見解深刻的詳細評論。感謝凡妮莎・蒙（Vanessa Meng）孜孜不倦地在本書穿梭的曲折領域裡，找到那些艱澀難尋的事實。

撰寫本書的過程中，我有幸與一個頂尖的編輯團隊共事，他們有勇氣採納一個看似不可能的概念，並把那個概念巧妙地塑造成值得自豪的東西。豪爾・尹（Howard Yoon）身兼經紀人、寫作教練和思想導師，為我提供直白的意見，設下絕不鬆懈的高標準，使我因此成為更好的寫作者。傑夫・凱霍（Jeff Kehoe）在本書的編輯過程中猶如我的基石，他的耐心和智慧不僅體現在行動上，也體現在約束上。大衛・查恩（David Champion）幫我釐清了整個論點的思維。瑪莎・史波汀（Martha Spaulding）以無人能及的精湛筆觸修潤文稿，使內文變得更加犀利，言簡意賅。史蒂芬妮・芬克斯（Stephani Finks）設計了完美的原文書封面，戴夫・利文斯（Dave Lievens）以無限的耐心和溫和的敦促促成本書順利付梓。感謝哈佛商業評論出版社的整個團隊，你們讓這本書變得更好，與你們共事的經驗相當愉快。

最後，我想把幾句必要的感謝獻給我的父母沈津（Jin Shen）和孫惠斌（Hui Bin Sun），你們是我認識最勇敢的人。我最早的記憶是跟你們一起旅行，那感覺是再合適不過的記憶，因為你們幫我開啟了一生的探索之旅。感謝我的朋友、伴侶兼愛人薩夏（Sacha）陪我度過每次冒險，並在每次旅程結束後，給我一個美好的歸宿。

關於作者

孫轅（Irene Yuan Sun）是非洲—中國關係的頂尖專家，在麥肯錫公司負責領導「中國在非洲的經濟投資」研究，是這個主題的首席研究員。她曾協助多個全球組織接觸中國的決策者及業者，以推動非洲經濟的發展。她的文章散見於《哈佛商業評論》、《經濟學人》（*The Economist*）、中國環球電視網、新華社、奈及利亞的《衛報》。

孫轅曾在納米比亞的鄉間中學任教，畢業於哈佛商學院、哈佛甘迺迪學院和哈佛學院。

附註

導言：從當今的世界工廠到下個世界工廠

1. 2014 年全球製造業的產值是取自 Mark Levinson,"U.S. Manufacturing in International Perspective," Congressional Research Service, April 26, 2016, https://fas.org/sgp/crs/misc/R42135.pdf。1990 年中國的 GDP 是 358,973.23 美元，2015 年成長至 10,866,444.00 美元 (World Bank,"GDP [current US$]," http://data.worldbank.org/indicator/NY.GDP.MKTP.CD?end=2015&name_desc=false&start=1990).

2. 人均 GDP 的數值是取自 World Bank, "GDP per capita (current US$)," http://data.worldbank.org/indicator/NY.GDP.PCAP.CD?end=2015&name_desc=false&start=1990。1990 年，中國的人均 GDP 是 316.20 美元，肯亞是 365.60 美元，賴索托是 340.90 美元，奈及利亞是 321.70 美元，美國是 23954.50 美元。如今，儘管美國經濟在名目上仍是最大，但以購買力平價來衡量時，中國最大 (World Bank, "GDP ranking, PPP based," http://data.worldbank.org/data-catalog/GDP-PPP-based-table).

3. "FAW Profile," 取自 FAW 公司的網站。http://www.faw.com/aboutFaw/aboutFaw.jsp?pros=Profile.jsp&phight=580&about=Profile.

4. Center for International Development at Harvard University, "Growth Projections based on 2014 Global Trade Data," *The Atlas of Economic Complexity*, http://atlas.cid.harvard.edu/rankings/growth-predictions-list/.

5. 中華人民共和國商務部（MOFCOM）的註冊清單，2015 年擷取的資料。

6. Irene Yuan Sun, Kartik Jayaram, and Omid Kassiri, "Dance of the Lions & Dragons: How Are Africa and China Engaging, and How Will the Partnership Evolve?" McKinsey & Company, June 2017, www.mckinsey.com/africa-china.

7. 中國政府對非洲的援助遠低於許多媒體的報導，因為大家往往誤以為中國國家開發銀行和中國進出口銀行資助的專案是官方提供的發展援助（官方援助的定義不包括非優惠貸款和出口信貸）。關於中國對非洲的援助及經濟投入的全面多元探索，請參見 Deborah Brautigam, *The Dragon's Gift: The Real Story of China in Africa* (Oxford, UK: Oxford University Press, 2009).

8. Chinua Achebe, *The Education of a British- Protected Child* (New York: Knopf, 2009), 39.

9. 賴索托的愛滋病感染率是取自美國中央情報局出版的《世界概況》，2014 年估計值，https://www.cia.gov/library/publications/the-world-factbook/rankorder/2155rank.html.

10. 世界銀行的資料顯示：「過去 30 年間，赤貧人口的減少主要是來自中國。1981 年至 2011 年間，7.53 億人的生活水準超越了每天 1.9 美元的門檻。」2012 年，撒哈拉以南非洲地區有 3.887 億人生活在赤貧中。World Bank, "Poverty: Overview," http://www.worldbank.org/en/topic/poverty/overview.

第一章：人的連鎖反應

1. United Nations Industrial Development Organization (UNIDO), *Industrial Development Report 2009: Breaking In and Moving Up: New Industrial Challenges for the Bottom Billion and the Middle- Income Countries* (New York: United Nations, 2009).

2. Dani Rodrik, "An African Growth Miracle? The Ninth Annual Richard H. Sabot Lecture" (Washington, DC: Center for Global Development, April 2014).

3. Dani Rodrik, "Unconditional Convergence in Manufacturing," *Quarterly Journal of Economics 128*, no. 1 (February 2013).

4. Dani Rodrik, "Goodbye Washington Consensus, Hello Washington Confusion? A Review of the World Bank's *Economic Growth in the 1990s: Learning from a Decade of Reform*," *Journal of Economic Literature 44* (December 2006): 973–987. 一般認為組成華盛頓共識的十項政策工具，是由約翰・威廉森（John Williamson）於 1989 年正式制定成一套，參見 John Williamson, ed., Latin American Adjustment: How Much Has It Happened? (Washington, DC: Institute for International Economics, 1990).

5. John Williamson, "Did the Washington Consensus Fail?" (Washington, DC: Peterson Institute for International Economics, November 6, 2002), http://www.iie.com/publications/papers/paper.cfm?ResearchID=488.

6. David T. Beers and John Chambers, "Sovereign Defaults Set to Fall Again in 2005," Standard & Poor's RatingsDirect, from Laura Alfaro and Ingrid Vogel, "Creditor Activism in Sovereign Debt: 'Vulture' Tactics or Market Backbone," Case 706057 (Boston: Harvard Business School, 2007).

7. Rodrik, "Goodbye Washington Consensus, Hello Washington Confusion?"

8. Abdelmalek Alaoui, "How African Economics Killed 'The Leapfrog Effect,' " *Forbes*, October 22, 2014, http://www.forbes.com/sites/abdelmalekalaoui/2014/10/22/how-african-economics-killed-the-leapfrog-effect/.

9. Sun Jian, interview by author, Ogun, Nigeria, July 2, 2014.

10. Nobuya Haraguchi and Gorazd Rezonja, "Patterns of Manufacturing Development Revisited," United Nations Industrial Development Organization working paper 22/2009, 2010.

11. 1990 年的人口數是取自世界銀行, http://data.worldbank.org/indicator/SP.POP.TOTL。1990 年中國占全球製造業的產值比例是取自 "Global Manufacturing: Made in China?" *The Economist*, March 12, 2015, http://www.economist.com/news/leaders/21646204-asiasdominance-manufacturing-will-endure-will-make-development-harder-others-made.

12. John Page, "The East Asian Miracle: Four Lessons for Development Policy," *NBER Macroeconomics Annual 1994*, http://www.nber.org/chapters/c11011.pdf.

13. Eugenio Bregolat, *The Second Chinese Revolution* (Basingstoke, UK: Palgrave Macmillan, 2014).

14. 同前。

15. "Made in China?" *The Economist*, March 14, 2015, http://www.economist.com/news/leaders/21646204-asias-dominance-manufacturing-will-endure-will-make-development-harder-others-made.

16. World Bank, "Poverty: Overview," http://www.worldbank.org/en/topic/poverty/overview.

17. 中國國家統計局，1980-1997 年的 GDP 資料，以人民幣計價。

第二章：工廠的生與死及重生

1. See Rachel Bright, *Chinese Labour in South Africa*, 1902–10: Race, Violence, and Global Spectacle (Basingstoke, UK: Palgrave Macmillan, 2013). 關於中國與非洲數百年來的接觸和移民，請參見Li Anshan, *A History of Chinese Overseas in Africa* (Beijing: Chinese Overseas Publishing House, 2000).

2. Steve Onyeiwu, "The Modern Textile Industry in Nigeria," *Textile History* 28, no. 2 (1997): 234–249.

3. Salihu Maiwada and Ellisha Renne, "The Kaduna Textile Industry," *Textile History* 44, no. 2 (2013): 171–196.

4. Sola Akinrinade and Olukoya Ogen, "Globalization and De-Industrialization: South-South Neo-Liberalism and the Collapse of the Nigerian Textile Industry," *The Global South* 2, no. 2 (2008): 159–170.

5. 同前。

6. 同前。

7. Maiwada and Renne, "The Kaduna Textile Industry."

8. 同前。

9. Akinrinade and Ogen, "Globalization and De- Industrialization."

10. 同前。

11. 同前。

12. 同前。

13. Onyeiwu, "The Modern Textile Industry in Nigeria."

14. L. N. Chete, J. O. Adeoti, F. M. Adeyinka, and O. Ogundele, "Industrial Development and Growth in Nigeria: Lessons and Challenges," Brookings Africa Growth Initiative Working Paper No. 8., The Brookings Institution, 2016.

15. BigBen Chukwuma Ogbonna, "Structural Adjustment Program (SAP) in Nigeria: An Empirical Assessment," *Journal of Banking* 6, no. 1 (June 2012): 19–40.

16. World Bank Study cited in Onyeiwu, "The Modern Textile Industry in Nigeria."

17. Onyeiwu, "The Modern Textile Industry in Nigeria."

18. Maiwada and Renne, "The Kaduna Textile Industry," 183.

19. Chete, Adeoti, Adeyinka, and Ogundele, "Industrial Development and Growth in Nigeria," 16.

20. BBC News, "Nigeria: ' Oil- Gas Sector Mismanagement Costs Billions,' " October 25, 2012, http://www.bbc.com/news/world-africa-20081268.

21. Lynn Mytelka and Dieter Ernst, "Catching Up, Keeping Up and Getting Ahead: The Korean Model Under Pressure," in Dieter Ernst, Tom Ganiatsos, and Lynn Mytelka, eds, *Technological Capabilities and Export Success in Asia* (London and New York: Routledge, 1998), 96.

22. Jesus Felipe, *Inclusive Growth, Full Employment, and Structural Change: Implications and Policies for Developing Asia*, (Mandaluyong, Philippines: Asian Development Bank, 2012), 86.

23. 同前，90.

24. Maiwada and Renne, "The Kaduna Textile Industry."

25. Onyi Sunday, "Africa's Fading Textile Hub," *Guardian* (Nigeria), September 4, 2015, http://www.ngrguardiannews.com/2015/09/africas-fading-textile-hub/.

26. Akinrinade and Ogen, "Globalization and De-Industrialization," 167.

27. Gaaitzen de Vries, Marcel Timmer, and Klaas de Vries, "Structural Transformation in Africa: Static Gains, Dynamic Losses," *Journal of Development Studies* 51, no. 6 (2015): 674–688.

28. Federal Reserve Bank of Chicago, Detroit Branch, "Ballard Discusses Michigan's Economy," December 12, 2012, http://michiganeconomy.chicagofedblogs.org/?p=52. 根據這些計算，製造業占密西根州總產值的比例在 1963 年接近 50%，在 2011 年接近 15%。

29. "Sector Report: Manufacturing in Africa," Amstelveen, Netherlands: KPMG, 2014.

30. "Nigeria Gets US$1.5 Billion Steel Rolling Plant," *Star Africa*, April 18, 2013.

31. Irene Yuan Sun, Kartik Jayaram, and Omid Kassiri, "Dance of the Lions & Dragons: How Are Africa and China Engaging, and How Will the Partnership Evolve?" McKinsey & Company, June 2017, www.mckinsey.com/africa-china.

32. Yang Wenyi, interview by author, Calabar, Nigeria, July 11, 2014.

33. Juliet Eilpirin and Katie Zezima, "Obama Announces More Investment in Africa by U.S. Firms During Leaders' Summit," *Washington Post*, August 5, 2014, https://www.washingtonpost.com/politics/obama-announces-more-investment-in-africa-by-us-firms/2014/08/05/bb3a9e98-1cd5-11e4-82f9-2cd6fa8da5c4_story.html.

34. Stephen Gordon, "A Little Context on the Decline of Manufacturing Employment in Canada," *Maclean's* , February 12, 2013, http://www.macleans.ca/economy/business/some-context-for-the-decline-in-canadian-manufacturing-employment/, based on data from the St. Louis FederalReserve FRED database.

35. Dani Rodrik, "On Premature Deindustrialization," Dani Rodrik's weblog, October 11, 2013, http://rodrik.typepad.com/dani_rodriks_weblog/2013/10/on-premature-deindustrialization.html.

36. Robert Lawrence, interview by author, Cambridge, MA, October 7, 2015.

37. Alexander Gerschenkron, *Economic Backwardness in Historical Perspective* (Cambridge, MA: Harvard University Press, 1962).

38. Erich Weede, "Economic Freedom and the Advantages of Backwardness," (Washington, DC: Cato Institute, January 31, 2007), http://www.cato.org/publications/economic-development-bulletin/economic-freedom-advantages-backwardness.

39. "Nigeria Gets US$1.5 Billion Steel Rolling Plant," *Star Africa*.

第三章：布料與成衣、鋼條和鋼板

1. Mrs. Shen, interview by author, Maseru, Lesotho, January 19, 2016.

2. Christopher Maloney, "All Dressed Up with No Place to Go: Lesotho's Rollercoaster Experience with Apparel," Harvard Kennedy School SYPA, Cambridge, MA, March 27, 2006.

3. 《非洲成長暨機會法案》（AGOA）為符合條件的撒哈拉以南非洲國家提供免關稅進入美國市場的機會。最初於 2000 年通過法案，有效期是八年。即將邁入 2008 年時，由於 AGOA 的效期是否延期充滿了不確定性，許多公司決定離開賴索托。美國後來決定把有效期延至 2015 年，2015 年又再次延長至 2025 年，資料來源：agoa.info, "About AGOA," http://agoa.info/about-agoa.html; interviews by the author in Maseru, Lesotho.

4. Lawrence Edwards and Robert Z. Lawrence, "AGOA Rules: The Intended and Unintended Consequences of Special Fabric Provisions," NBER Working Paper Series 16623, National Bureau of Economic Research, Cambridge, MA, 2010.

5. 2001 年，賴索托的成衣業共有 32,233 名工人，其中 1,100 名是外國人。"Big Textile Investment Push into Lesotho," agoa.info, April 28, 2003, http://agoa.info/news/article/3236- big-textile-investment-push-into-lesotho.html.

6. 我舉這個例子並不是暗示我認為臺灣和中國大陸是（或應該是）一個實體。福爾摩沙牛仔布廠是賴索托唯一的資本密集型工廠，正好和沈太太那種勞力密集型的成衣廠形成有趣的對比。這本書主要是談論中國在非洲製造業的投資，書中納入臺籍企業的另一個理由是，如今許多臺籍企業主退休後，把事業轉賣給中國的企業主。

7. 截至 2016 年 5 月 17 日，年興紡織的股價是臺幣 23.65 元，流通在外股數共 4 億股，匯率是新臺幣 32.59 元兌 1 美元。Reuters, http://www.reuters.com/finance/stocks/overview?symbol=1451.TW.

8. Ricky Chang, interview by author, Maseru, Lesotho, January 19, 2016.

9. 福爾摩沙牛仔布廠的投資規模是取自賴索托紡織品出商協會，參見 http://www.lesothotextiles.com/Pages/Lesotho-Textile-Industry.asp?IID=2.

10. John Zhang, interview by author, Calabar, Nigeria, July 11, 2014.

11. "Nigeria gets US$1.5 Billion Steel Rolling Plant," *Star Africa*, April 18, 2003.

12. Mark Bennett, interview by author, Maseru, Lesotho, January 18, 2016.

13. 世界銀行的資料顯示，2015 年賴索托的 GDP 是 22.78 億美元 (http://data.worldbank.org/country/lesotho). 2015 年紐約市的產值估計是 1.61 兆美元，亦即每天 44.1 億美元。("U.S. Metro Economies GMP and Employment Report: 2015–2017," The United States Conference of Mayors, January 20, 2016, https://www.usmayors.org/2016/01/20/u-s-metro-economies-gmp-and-employment-report-2015-2017/.)

14. World Bank, http://data.worldbank.org/country/nigeria.

15. Jennifer Chen, interview by author, Maseru, Lesotho, January 20, 2016.

16. World Economic Forum, http://reports.weforum.org/global-competitiveness-report-2014-2015/rankings/; World Economic Forum, http://www.doingbusiness.org/rankings.

第四章：冒險一搏

1. Alan Lin, interview by author, Maseru, Lesotho, January 20, 2016.

2. Marina Bizabani, interview by author, Maseru, Lesotho, January 21, 2016.

3. Sun Jian, interview by author, Ogun, Nigeria, July 2, 2014.

4. 奈及利亞的商人（由於他與中國企業有業務往來，這裡隱其姓名）, interview by author, Lagos, Nigeria, July 26, 2013.

5. "Corruption Perceptions Index 2015," Transparency International, https://www.transparency.org/cpi2015/#results-table.

6. 基於活動性質的敏感性，我決定不透露這位中國商人的姓名。這次訪談是在2013年8月於奈及利亞的拉哥斯進行。2013年9月21日，我在奈及利亞的《衛報》（*Guardian*）發表過一篇這些事件的報導。

7. Chinedu Bosah, interview by author, Lagos, Nigeria, August 14, 2013.

8. 2013年10月19日，我在奈及利亞的《衛報》上發表了這次調查的報導。

9. Rosemary McGee and John Gaventa, "Synthesis Report: Review of Impact and Effectiveness of Transparency and Accountability Initiatives," Transparency Accountability Initiative, 2010, http://www.transparency-initiative.org/wp-content/uploads/2017/03/synthesis_report_final1.pdf, 5.

10. 同上, 6.

11. Richard A. Greenwald, *The Triangle Fire, the Protocols of Peace, and Industrial Democracy in Progressive Era New York* (Philadelphia: Temple University Press, 2005).

12. Mark Aldrich, *Safety First: Technology, Labor, and Business in the Building of American Work Safety*, 1870–1939 (Baltimore: Johns Hopkins University Press, 1997). Mark Aldrich, "History of Workplace Safety in the United States, 1880–1970," Economic History Association, http://eh.net/encyclopedia/history-of-workplace-safety-in-the-united-states-1880-1970/.

13. Author interview with Wu Mingsi, Maseru, Lesotho, January 19, 2016.

第五章:上工

1. Ahmed Ibrahim, interview by author, Ogun, Nigeria, July 1, 2014.

2. Yan Hairong and Barry Sautman, "Chasing Ghosts: Rumours and Representationsof the Export of Chinese Convict Labour to Developing Countries," *China Quarterly* 210 (June 2012): 398–418.

3. Irene Yuan Sun, Kartik Jayaram, and Omid Kassiri, "Dance of the Lions & Dragons: How Are Africa and China Engaging, and How Will the Partnership Evolve?" McKinsey & Company, June 2017, www.mckinsey.com/africa-china.

4. "Business Perception Index Kenya 2014," Sino-Africa Centre of Excellence Foundation, 2014.

5. "The Future of Factory Asia: A Tightening Grip," *The Economist*, March 12, 2015, http://www.economist.com/news/briefing/21646180-rising-chinese-wages-will-only-strengthen-asias-hold-manufacturing-tightening-grip.

6. Justin Yifu Lin, "China's Rise and Structural Transformation in Africa: Ideas and Opportunities," in Célestin Monga and Justin Yifu Lin, eds., *The Oxford Handbook of Africa and Economics, Volume 2: Policies and Practices* (Oxford, UK: Oxford University Press, 2015).

7. "The Shifting Economics of Global Manufacturing," Boston Consulting Group, Boston, MA, August 2014.

8. Mr. Wu, interview by author, Calabar, Nigeria, July 11, 2014.

9. Justin Yifu Lin, "From Flying Geese to Leading Dragons: New Opportunities and Strategies for Structural Transformation in Developing Countries," World Bank, Washington, DC, June 2011, 4. J. Esteban, J. Stiglitz, and Justin Yifu Lin, eds., *The Industrial Policy Revolution II: Africa in the Twenty-first Century* (Basingstoke, UK: Palgrave Macmillan, 2013).

10. Enrico Moretti, *The New Geography of Jobs* (Boston: Mariner, 2013), 21.

11. "Leveraging Africa's Demographic Dividend," *African Business Magazine*, January 14, 2015, http://africanbusinessmagazine.com/uncategorised/leveraging-africas-demographic-dividend/.

12. United Nations Population Division, "World Population Prospects: The 2015 Revision."

13. 同前。

14. International Labour Organization, "Where Is the Unemployment Rate the Highest in 2014?" http://www.ilo.org/global/about-the-ilo/multimedia/maps-and-charts/WCMS_233936/lang--en/index.htm.

15. Nigeria National Bureau of Statistics (Nigeria), "Unemployment/Underemployment Watch Q1 2016," May 2016.

16. 同前。

17. International Labour Organization, "Where Is the Unemployment Rate the Highest in 2014?"

18. World Bank, "Youth and Unemployment in Africa: The Potential, the Problem, the Promise" (Washington, DC: The World Bank, 2009).

19. Enrico Moretti, *New Geography of Jobs.*

20. 同前。

21. Kevin Watkins, Justin W. van Fleet, and Lauren Greubel, "Africa Learning Barometer," Brookings Institute, http://www.brookings.edu/research/interactives/africa-learning-barometer.

22. African Development Bank, "Enhancing Capacity for Youth Employment in Africa: Some Emerging Lessons," *Africa Capacity Development Brief 2*, no. 2, December 2011, http://www.afdb.org/fileadmin/uploads/afdb/Documents/Publications/Africa%20Capacity%20Dev%20Brief_Africa%20Capacity%20Dev%20Brief.pdf.

23. 同前。

24. Mr. Wang, interview by author, Ogun, Nigeria, July 1, 2014.

25. Chinese manager [name redacted], interview by author, Ogun, Nigeria, June 30, 2014.

26. Lebanese owner- manager [name redacted], interview by author, Ogun, Nigeria, June 30, 2014.

27. Managing director [name redacted], interview by author, Nairobi, Kenya, July 6, 2015.

28. Howard W. French, *China's Second Continent* (New York: Knopf, 2014), 15.

29. Chinese expatriate worker, interview by author, Lagos, Nigeria, July 30, 2016.

30. Incident at Huaiyang Restaurant, Addis Ababa, Ethiopia, July 19, 2016.

31. John Foster, "An Essay on the Evils of Popular Ignorance" (London, 1821), 180–185, quoted in E. P. Thompson, "Time, Work-Discipline, and Industrial Capitalism," *Past & Present* 38 (December 1967), 56–97.

32. 同前 , 73.

33. 同前。

34. Alexander Gerschenkron, *Economic Backwardness in Historical Perspective*, (Cambridge, MA: Belknap, 1966), 9.

35. *Wall Street Journal*, July 3, 1991, A4.

36. Gerschenkron, *Economic Backwardness*, 9.

37. Leslie T. Chang, *Factory Girls: From Village to City in a Changing China* (New York: Spiegel & Grau, 2008), 74.

38. E. P. Thompson, "Time, Work- Discipline, and Industrial Capitalism," 80.

39. Kelly Pike, interview by the author on Skype, March 10, 2016.

第六章：進兩步、退一步

1. Stephen Sigei, interview by author, Nairobi, Kenya, July 10, 2016.

2. Larry Hanauer and Lyle J. Morris, *Chinese Engagement in Africa: Drivers, Reactions, and Implications for U.S. Policy*, (Santa Monica, CA: RAND Corporation, 2014), 30–31.

3. Dinah Jerotich Mwinzi, remarks at the Africa Tech Challenge 2016 Opening Ceremony, Nairobi, Kenya, July 12, 2016.

4. Stephen Sigei, interview by author, Nairobi, Kenya, July 10, 2016.

5. 更多當地人創立的企業進入成衣業，其中最著名的是 Seshoeshoe。據悉那是一家約五十人的企業，生產傳統服飾。然而，我無法親自確認那家企業是否仍持續營運。

6. Bureau of Labor Statistics, "Entrepreneurship and the U.S. Economy," http://www.bls.gov/bdm/entrepreneurship/entrepreneurship.htm.

7. Chris Mohapi, interview by author, Maseru, Lesotho, January 22, 2016.

8. Jennifer Chen, interview by author, Maseru, Lesotho, January 20, 2016.

9. Site visit to Tlotliso factory, Lesotho, January 21, 2016.

10. Thabiso Mothabeng, interview by author, Maseru, Lesotho, January 19, 2016.

11. Luqy Adams, interview by author, Maseru, Lesotho, January 21, 2016.

12. Shegaw Aderaw, Alemayehu Eshete, and Bizualew Mekonnen, interview by author, outside Addis Ababa, Ethiopia, July 21, 2016.

13. Zaf Gebretsadik Tsadik, interview by author, Addis Ababa, Ethiopia, July 25, 2016.

14. 同前。

15. Salman Rushdie, *Imaginary Homelands* (London: Penguin, 1992), 11.

16. Zi Ran, interviews by author, Nairobi, Kenya, July 9 and November 17, 2016.

17. Xiao Nie and Sang Bu, 〈待不下去的非洲，回不去的中國〉波布非洲（微信上），October 7, 2015.

18. 作者翻譯。原始中文：「心安之處，是故鄉。……人，不管什麼時候，都不應該放棄自己的夢想。」

19. Rushdie, *Imaginary Homelands*, 15.

20. 同前，15–16.

第七章：（夠）好的治理

1. "Clinton Warns Against 'New Colonialism' in Africa," Reuters World News, June 11, 2011, http://www.reuters.com/article/us-clinton-africa-idUSTRE75A0RI20110611. Kathleen Caulderwood, "China Is Africa's New Colonial Overlord, Says Famed Primate Researcher Jane Goodall," *International Business Times*, February 18, 2014, http://www.ibtimes.com/china-africas-new-colonial-overlord-says-famed-primate-researcher-jane-goodall-1556312.

2. Boaz Munga and Eldah Onsomu, "State of Youth Unemployment in Kenya," Brookings Institute Africa in Focus, August 21, 2014, http://www.brookings.edu/blogs/africa-in-focus/posts/2014/08/21-state-of-youth-unemployment-kenya-munga.

3. Charles F. Sabel, "Bootstrapping Development: Rethinking the Role of Public Intervention in Promoting Growth" (paper presented at *The Protestant Ethic and the Spirit of Capitalism Conference*, Cornell University, Ithaca, New York; November 14, 2005 version), 7.

4. Transparency International, 2010/2011 Global Corruption Barometer (GCB) Data Set, Question: "% of people that have paid a bribe to each of 9 institutions."

5. Rowena Mason and Richard Blackden, "Shell to Pay $48m Nigerian Bribe Fine," Telegraph, November 4, 2010. U.S. Securities and Exchange Commission,"SEC Charges Seven Oil Services and Freight Forwarding Companies for Widespread Bribery of Customs Officials," November 4, 2010, https://www.sec.gov/news/press/2010/2010-214.htm. Propublica, "The World Wide Web of Siemens's Corruption," https://www.propublica.org/special/the-world-wide-web-of-siemenss-corruption.

6. See Douglas Zhihua Zeng, "Global Experiences with Special Economic Zones: Focus on China and Africa," Investing in Africa Forum, Addis Ababa, Ethiopia, February 2015, http://documents.worldbank.org/curated/en/810281468186872492/Global-experiences-with-special-economic-zones-focus-on-China-and-Africa.

7. Tim Maughan, "The Changing Face of Shenzhen, the World's Gadget Factory," *Vice*, August 19, 2015, http://motherboard.vice.com/read/beyond-foxconn-inside-shenzhen-the-worlds-gadget-factory.

8. Sheriff Balogun, "Ogun to Reposition Quandong Free Trade Zone," *This Day Live*, June 18, 2012.

9. "Customs Generates N2 bn in Four Months in Ogun," *NaijaMotherland*, June 8, 2015, http://www.nigeriannewspapers.today/customs-generates-n2-bn-in-four-months-in-ogun/. Jason Han and John Xue, interview by author, Beijing, China, June 25, 2015.

10. Stephen Knack and Nicholas Eubank, "Aid and Trust in Country Systems," World Bank, Washington, DC, 2009, https://openknowledge.worldbank.org/handle/10986/4197.

11. 同前。

12. John Xue, interview by author by phone, February 21, 2016.

13. 同前。

14. M-Pesa 在肯亞有 1900 萬名用戶。Lilian Ochieng, " M- Pesa Reports 27 pc Jump in Global Users to 25 Million," Daily Nation , April 27, 2016, http://www.nation.co.ke/business/M-Pesa-reports-27-pc- jump-in-global-users-to-25-million/996-3178018-5ykpjpz/index.html. 2015 年肯亞人口是 4590 萬，其中 41.6% 是 0 到 14 歲的兒童。The World Factbook Kenya, Central Intelligence Agency, https://www.cia.gov/library/publications/the-world-factbook/geos/ke.html.

15. Claudia McKay and Rafe Mazer, "10 Myths About M-PESA: 2014 Update," CGAP, October 1, 2014, http://www.cgap.org/blog/10-myths-about-m-pesa-2014-update; and Tonny K. Omwansa and Nicholas P. Sullivan, *Money, Real Quick: The Story of M-PESA* (London: Guardian Books, 2012).

16. 同前。肯亞有 4600 萬人口是取自世界銀行的資料 (2015), http://data.worldbank.org/country/kenya. 全球有 73 億人口是取自美國人口普查局的統計資料，https://www.census.gov/popclock/world.

17. https://bizextras.wordpress.com/2011/05/23/so-who-invented-m-pesa/.

18. Omwansa and Sullivan, *Money, Real Quick*.

19. 同前。

20. Michael Joseph, interview by author, Cambridge, MA, April 14, 2016.

21. Bitange Ndemo, interview by author, Nairobi, Kenya, July 11, 2016.

22. Omwansa and Sullivan, *Money, Real Quick*.

23. 同前。

24. Njuguna Ndung'u, interview by author, Nairobi, Kenya, July 8, 2016.

25. Mukhisa Kituyi, "Kenya's Mobile Money Innovation Draws World Attention," *Daily Nation*, May 21, 2011, http://www.nation.co.ke/oped/Opinion/Kenyas+mobile+money+innovation+draws+world+attention+/-/440808/1166842/-/kctp0xz/-/index.html.

26. Tony Saich, *Governance and Politics of China* (3rd edition) (Basingstoke, UK: Palgrave Macmillan, 2010), 5, 7.

27. 同前，4.

28. Peter J. Katzenstein, *Small States in World Markets: Industrial Policy in Europe* (Ithaca, NY: Cornell University Press, 1985), 79.

29. GDP numbers from 1950. Angus Maddison, *Contours of the World Economy, 1–2030 AD* (Oxford, UK: Oxford University Press, 2007).

30. 奧地利的著名學者奧利弗・拉斯科布（Oliver Rathkolb）寫道：「1945年後的最初幾年，奧地利的經濟政策很大程度上間接地延續了納粹政權『雅利安化』政策的結構性影響。」一些具體的政策例子：奧地利拒絕把二戰期間占領的多數猶太企業歸還給原來的業主，連定義公民身分的方式也導致流亡在外的猶太人在戰後難以回國。Oliver Rathkolb, translated from the German by Otmar Binder, Eleanor Breuning, Ian Fraser, and David Sinclair-Jones, *The Paradoxical Republic: Austria*, 1945–2005 (Berghahn Books, German edition 2005, English edition 2010), 61–62.

31. Peter J. Katzenstein, *Corporatism and Change: Austria, Switzerland, and the Politics of Industry* (Ithaca, NY: Cornell University Press, 1987), 58.

32. Africa Tech Challenge 2016 opening ceremony, Nairobi, Kenya, July 12, 2016.

33. Qian Rong, interview by author, Nairobi, Kenya, July 12, 2016.

第八章：「如果我們能辦到，這個地方肯定也可以」

1. amfAR, The Foundation for AIDS Research, "Statistics: Worldwide," http://www.amfar.org/worldwide-aids-stats/.

2. World Health Organization, "TB/HIV facts 2012–2013," http://www.who.int/hiv/topics/tb/tbhiv_facts_2013/en/. Johns Hopkins Malaria Research Institute, "About Malaria," http://malaria.jhsph.edu/about-malaria/.

3. UN Inter- agency Group for Child Mortality Estimation, "Levels & Trends in Child Mortality: Report 2014," http://www.unicef.org/media/files/Levels_and_Trends_in_Child_Mortality_2014.pdf. World Health Organization,"Maternal Mortality (Fact Sheet, Updated November 2016)," http://www.who.int/mediacentre/factsheets/fs348/en/.

4. World Health Organization, "Child and Adolescent Health and Nutrition," http://www.afro.who.int/en/clusters-a-programmes/frh/child-and-adolescent-health/programme-components/child-health.html.

5. The Global Fund, http://www.theglobalfund.org/en/financials/. GAVI,"Annual Contributions and Proceeds to GAVI 30 June 2016," down loadable at http://www.gavi.org/funding/donor-contributions-pledges/annual-contributions-and-proceeds/.

6. Avert, "Funding for HIV and AIDS," http://www.avert.org/funding-hiv-and-aids.htm.

7. Price of antiretroviral drugs in 1987 from "AZT's Inhuman Cost," *New York Times* , August 28, 1989, http://www.nytimes.com/1989/08/28/opinion/azt-s-inhuman-cost.html. Recent prices from "CHAI, UNITAID, and DFID Announce Lower Prices for HIV/AIDS Medicines in Developing Countries," UNITAID, May 17, 2011, http://www.unitaid.eu/en/resources/331-clinton-health-access-initiative-unitaid-and-dfid-announce-lower-prices-for-hivaids-medicines-in-developing-countries.

8. UNAIDS, "UNAIDS Announces That the Goal of 15 Million People on Life- saving HIV Treatment by 2015 Has Been Met Nine Months Ahead of Schedule," http://www.unaids.org/en/resources/presscentre/pressreleaseandstatementarchive/2015/july/20150714_PR_MDG6report.

9. Global Fund, "Tuberculosis," https://www.theglobalfund.org/en/tuberculosis/.

10. Mark Grabowsky and Katherine Rockwell, "With One Year to Go, What the Data Say About MDG4 Progress and Gaps," Office of the UN Secretary- General's Special Envoy for Health in Agenda 2030 and for Malaria, http://www.mdghealthenvoy.org/with-one-year-to-go-what-the-data-say-about-mdg4-progress-and-gaps/. World Bank, "Improve Maternal Health by 2015," http://www5.worldbank.org/mdgs/maternal_health.html.

11. John Kerry, "Remarks at the President's Emergency Plan for AIDS Relief (PEPFAR) 10th Anniversary Celebration," https://2009-2017.state.gov/secretary/remarks/2013/06/210770.htm.

12. 確切地說，德國有920家藥廠。Germany Trade & Invest, "Pharmaceutical Industry," http://www.gtai.de/GTAI/Navigation/EN/Invest/Industries/Life-sciences/pharmaceuticals.html.

13. Federal Democratic Republic of Ethiopia, Ministry of Health and Ministry of Industry, "National Strategy and Plan of Action for Pharmaceutical Manufacturing Development in Ethiopia (2015–2025)," abridged version, July 2015.

14. Samuel Wangwe, Paula Tibandebage, Edwin Mhede, Caroline Israel, Phares Mujinja, and Maureen Mackintosh, "Reversing Pharmaceutical Manufacturing Decline in Tanzania: Policy Options and Constraints," *Policy Research for Development* 43 (July 2014), http://www.repoa.or.tz/documents/REPOA_BRIEF_43.pdf.

15. Dan Munro, "Ebola: While Big Pharma Slept," *Forbes*, September 14, 2014, http://www.forbes.com/sites/danmunro/2014/09/14/ebola-while-big-pharma-slept/#a8293ee6627a; and Mirjam Gehrke, "Pharmaceutical Industry Neglects Developing Countries," Deutsche Welle, October 26, 2012, http://p.dw.com/p/16WgN.

16. Doctors Without Borders, "No Time to Quit: HIV/AIDS Treatment Gap Widening in Africa," May 2010, http://www.doctorswithoutborders.org/sites/usa/files/MSF- No-Time-to-Quit-HIV-AIDS.pdf.

17. Daniel Berman, interview by author on Skype, July 22, 2016.

18. Yanzhong Huang, "Chinese Pharma: A Global Health Game Changer?" Council on Foreign Relations, New York, March 31, 2015, http://www.cfr.org/china/chinese-pharma-global-health-game-changer/p36365.

19. Viral Shah, "Evolution of Pharmaceutical Industry: A Global Indian & Gujarat Perspective," *Journal of Pharmaceutical Science and Bioscientific Research* 2, no. 5, Sept– Oct 2012, 219–229, http://www.jpsbr.org/index_htm_fi les/5_JPSBR_12_RV109.pdf.

20. Von Richard Gerster, "The success story of the Indian pharmaceutical industry," *Medicus Mundi Schweiz*, MMS Bulletin #84, April 2002, http://www.medicusmundi.ch/de/bulletin/mms-bulletin/zugang-zu-medikamenten/zur-rolle-der-pharmaindustrie/the-success-story-of-the-indian-pharmaceutical-industry.

21. Shelly Weiss and Dave Forrester, "China's Pharmaceutical Industry," *China Business Review* 31, no. 6 (Nov/Dec 2004), 16–17. "Building Up Competitiveness and Sustainability: A Global Perspective on China's Pharmaceutical Industry," *China Chemical Reporter*, January 6, 2010, 17–18.

22. Shufang Huang, "How Can Innovation Create the Future in a Catching- up Economy?" *Journal of Knowledge-Based Innovation in China* 4, no. 2 (2012): 118–131.

23. Pradeep S. Mehta, "TRIPS and Pharmaceuticals: Implications for India," *Schweizerisches Jahrbuch für Entwicklungspolitik* 17 (1998): 97–106.

24. John LaMattina, "India's Solution to Drug Costs: Ignore Patents and Control Prices— Except for Home Grown Drugs," *Forbes*, April 8, 2013, http://www.forbes.com/sites/johnlamattina/2013/04/08/indias-solution-to-drug-costs-ignore-patents-and-control-prices-except-for-home-grown-drugs/#6146a09c5c46. Alex Philippidis, "Rougher Passage to India's Drug Market," *Genetic Engineering & Biotechnology News*, February 21, 2014, http://www.genengnews.com/insight-and-intelligence/rougher-passage-to-india-s-drug-market/77900044/.

25. 2016 年 9 月 5 日，與日內瓦某大全球衛生組織的一位高階人員通信（目前他與印度政府正在進行專案，故要求匿名）。

26. South African Government News Agency, "Government Establishes Pharmaceutical Company," February 11, 2016, http://www.sanews.gov.za/south-africa/government-establishes-pharmaceutical-company. Ina Skosana, "New State- Run Pharmaceutical Company to Produce ARVs by 2019," Bhekisisa Centre for Health Journalism, http://bhekisisa.org/article/2016-02-17-new-state-run-pharmaceutical-company-to-produce-arvs-by-2019.

27. United Nations Industrial Development Organization, "Kenya Pharmaceutical Sector Development Strategy," 2012. Author Skype interview with Daniel Berman, July 22, 2016.

28. Haddis Tadesse, interview by author, Addis Ababa, Ethiopia, July 19, 2016.

29. Government of Ethiopia and World Health Organization, "Launch of Ethiopian National Strategy and Plan of Action for Pharmaceutical Manufacturing Development and Improving Access," July 14, 2015.

30. Federal Democratic Republic of Ethiopia Ministry of Health and Ministry of Industry, "National Strategy and Plan of Action for Pharmaceutical Manufacturing Development in Ethiopia (2015–2025)," abridged version, July 2015.

31. Government of Ethiopia and World Health Organization, "Launch of Ethiopian National Strategy," 6.

32. Kedir Tahir Hagos, interview by author, Addis Ababa, Ethiopia, July 25, 2016.

33. 世界銀行的資料顯示，2015 年衣索比亞的人均 GDP 是 619 美元，肯亞是 1377 美元，奈及利亞是 2640 美元，美國是 55837 美元。The World Bank, "GDP per capita (current US$)," http://data.worldbank.org/indicator/NY.GDP.PCAP.CD.

34. Federal Democratic Republic of Ethiopia Ministry of Health and Ministry of Industry, "National Strategy and Plan of Action."

35. Albert O. Hirschman, *Development Projects Observed* (Washington, DC: Brookings Institution Press, 2015), 12–13.

36. Arkebe Oqubay, *Made in Africa: Industrial Policy in Ethiopia* (Oxford, UK: Oxford University Press, 2015).

37. 葛蘭素史克在《富比士》雜誌 2015 年最大藥廠的排行上，名列第八。(Liyan Chen, "2015 Global 2000: The World's Largest Drug and Biotech Companies," *Forbes* , June 4, 2015, http://www.forbes.com/sites/liyanchen/2015/06/04/2015-global-2000-the-worlds-largest-drug-and-biotech-companies/#398f29da5768. 葛蘭素史克計劃在衣索比亞投資的相關報導包括：Eskedar Kifle, "GSK Selects Ethiopia to Manufacture ARV, Antibiotics," *Capital Ethiopia*, April 15, 2014, http://capitalethiopia.com/2014/04/15/gsk-selects-ethiopia-to-manufacture-arv-antibiotics/#.WPETz1KZOcY 以及 *All Africa*, "Africa: GlaxoSmithKline Considers Ethiopia as a Strategic Country for Investment in Africa," February 12, 2015, http://allafrica.com/stories/201502121731.html. 我去蓋茲基金會的衣索比亞辦事處及布萊爾的「非洲治理計畫」採訪時，也證實了這點。

38. Tang Yuzhong, interview by author, July 23, 2016, and "Humanwell Pharmaceutical Ethiopia PLC Project Description" (obtained from company representatives July 23, 2016).

後記：摸著石頭過河

1. Steve Lohr, "Robots Will Take Jobs, but Not as Fast as Some Fear, New Report Says," *New York Times*, January 12, 2017, https://www.nytimes.com/2017/01/12/technology/robots-will-take-jobs-but-not-as-fast-as-some-fear-new-report-says.html?_r=0. See also McKinsey Global Institute, "Harnessing Automation for a Future that Works," http://www.mckinsey.com/global-themes/digital-disruption/harnessing-automation-for-a-future-that-works.

2. Matt Clinch, "China President Xi Jinping: 'No One Will Emerge as a Winner in a Trade War,'" CNBC, January 17, 2017, http://www.cnbc.com/2017/01/17/chinas-president-xi-jinping-takes-to-the-stage-at-world-economic-forum-in-davos.html.

3. Graham Boynton, "Richard Leakey: What Does Angelina Jolie See in This Man?" *Telegraph*, September 23, 2014, http://www.telegraph.co.uk/culture/film/film-news/11114617/Richard-Leakey-What-does-Angelina-Jolie-see-in-this-man.html.

4. Richard Leakey, interview by author, Nairobi, Kenya, July 6, 2016.

視野 82

下一座世界工廠

黑土變黃金，未來全球經濟引擎與商戰必爭之地——非洲

The Next Factory of the World: How Chinese Investment is Reshaping Africa

作 者：孫轅（Irene Yuan Sun）
資深編輯：劉瑋
校 對：劉瑋、林佳慧
封面設計：許晉維
美術設計：廖健豪
寶鼎行銷顧問：劉邦寧

發行人：洪祺祥
副總經理：洪偉傑
副總編輯：林佳慧
法律顧問：建大法律事務所
財務顧問：高威會計師事務所
出 版：日月文化出版股份有限公司
製 作：寶鼎出版
地 址：台北市信義路三段 151 號 8 樓
電 話：（02）2708-5509 傳真：（02）2708-6157
客服信箱：service@heliopolis.com.tw
網 址：www.heliopolis.com.tw
郵撥帳號：19716071 日月文化出版股份有限公司

總經銷：聯合發行股份有限公司
電 話：（02）2917-8022 傳真：（02）2915-7212
印 刷：禾耕彩色印刷事業股份有限公司
初 版：2019 年 4 月
定 價：400 元
I S B N：978-986-248-798-3

國家圖書館出版品預行編目資料

下一座世界工廠：黑土變黃金，未來全球經濟引擎與商戰必爭之地——非洲 / 孫轅（Irene Yuan Sun）著；洪慧芳譯.
-- 初版 . -- 臺北市：日月文化，2019.04
320 面；14.7×21 公分 . --（視野；82）
譯自：The Next Factory of the World: How Chinese Investment is Reshaping Africa
ISBN 978-986-248-798-3(平裝)

1. 經濟發展 2. 國外投資 3. 非洲

552.6　　108002316

日月文化集團
HELIOPOLIS
CULTURE GROUP
客服專線 02-2708-5509
客服傳真 02-2708-6157
客服信箱 service@heliopolis.com.tw

廣告回函
台灣北區郵政管理局登記證
北台字第 000370 號
免貼郵票

日月文化集團 讀者服務部 收

10658 台北市信義路三段151號8樓

對折黏貼後，即可直接郵寄

日月文化網址：**www.heliopolis.com.tw**

最新消息、活動，請參考 FB 粉絲團

大量訂購，另有折扣優惠，請洽客服中心（詳見本頁上方所示連絡方式）。

大好書屋　寶鼎出版　山岳文化

EZ TALK　EZ Japan　EZ Korea

大好書屋・寶鼎出版・山岳文化・洪圖出版　EZ叢書館　EZ Korea　EZ TALK　EZ Japan

日月文化集團
HELIOPOLIS
CULTURE GROUP

感謝您購買 **下一座世界工廠：**黑土變黃金，未來全球經濟引擎與商戰必爭之地——非洲

為提供完整服務與快速資訊，請詳細填寫以下資料，傳真至02-2708-6157或免貼郵票寄回，我們將不定期提供您最新資訊及最新優惠。

1. 姓名：＿＿＿＿＿＿＿＿ 性別：□男 □女
2. 生日：＿＿＿年＿＿＿月＿＿＿日 職業：
3. 電話：（請務必填寫一種聯絡方式）
（日）＿＿＿＿＿（夜）＿＿＿＿＿（手機）＿＿＿＿＿
4. 地址：□□□＿＿＿＿＿＿＿＿
5. 電子信箱：＿＿＿＿＿＿＿＿
6. 您從何處購買此書？□＿＿＿＿＿縣/市＿＿＿＿＿書店/量販超商
□＿＿＿＿＿網路書店 □書展 □郵購 □其他
7. 您何時購買此書？ 年 月 日
8. 您購買此書的原因：（可複選）
□對書的主題有興趣 □作者 □出版社 □工作所需 □生活所需
□資訊豐富 □價格合理（若不合理，您覺得合理價格應為＿＿＿＿）
□封面/版面編排 □其他＿＿＿＿＿＿＿＿
9. 您從何處得知這本書的消息： □書店 □網路／電子報 □量販超商 □報紙
□雜誌 □廣播 □電視 □他人推薦 □其他
10. 您對本書的評價：（1.非常滿意 2.滿意 3.普通 4.不滿意 5.非常不滿意）
書名＿＿＿ 內容＿＿＿ 封面設計＿＿＿ 版面編排＿＿＿ 文/譯筆＿＿＿
11. 您通常以何種方式購書？□書店 □網路 □傳真訂購 □郵政劃撥 □其他
12. 您最喜歡在何處買書？
□＿＿＿＿＿縣/市＿＿＿＿＿書店/量販超商 □網路書店
13. 您希望我們未來出版何種主題的書？＿＿＿＿＿＿＿＿
14. 您認為本書還須改進的地方？提供我們的建議？
＿＿＿＿＿＿＿＿＿＿＿＿＿＿＿＿
＿＿＿＿＿＿＿＿＿＿＿＿＿＿＿＿
＿＿＿＿＿＿＿＿＿＿＿＿＿＿＿＿
＿＿＿＿＿＿＿＿＿＿＿＿＿＿＿＿

視野 起於前瞻，成於繼往知來

Find directions with a broader VIEW

寶鼎出版